LÉON GOUPY

LE COUP D'ÉTAT DANS LA MAYENNE

Juin 1870

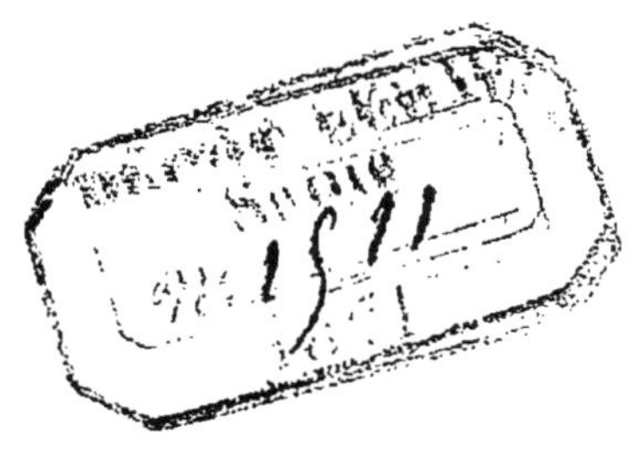

LE COUP D'ÉTAT DANS LA MAYENNE

PAR

M. LÉON GOUPY

A MES ENFANTS!

C'est surtout pour vous, chers enfants, que j'ai écrit ces lignes, que j'ai rassemblé ces faits, avec l'espoir de vous inspirer l'amour du bien, du juste, du beau, et aussi la haine du despotisme, le mépris du parjure, de l'apostasie. C'est aussi avec la conviction que vous marcherez sur les traces de votre père et que vous ferez mieux que lui !

Dans cette lutte périlleuse, qui durera tout autant qu'un être, si infime qu'il soit, souffrira injustement, inspirez-vous toujours de notre belle devise : Liberté ! Égalité ! Fraternité ! Elle vous conduira infailliblement au respect de vous-même, au respect des autres, malgré les calomnies mesquines et *bourgeoises* qui poursuivent toujours ceux que révoltent les *injustices sociales*, qui font que les uns viennent au monde *avec des droits sans devoirs* et les autres avec *des devoirs sans droits !*

N'oubliez jamais que le Travail est de devoir pour tous ! Et dans la prospérité comme dans l'adversité, rappelez-vous sans cesse ce beau précepte : Fais ce que dois, advienne que pourra.

C'est ce que souhaite ardemment,

Votre père,

GOUPY, LÉON.

Mayenne, 13 juin 1870.

LE

COUP D'ÉTAT

DANS LA MAYENNE.

CHAPITRE PREMIER.

Arrestation à la mairie le 5 décembre. — Incarcération.

Un de nos amis, mort il y a quelques mois, ayant eu aussi les honneurs de la transportation, disait à notre première entrevue, retour de Douëra, que la seule propagande sérieuse à faire était de raconter à tous et toujours les traitements indignes dont nous avions été victimes, après le coup d'État du 2 décembre. Le succès de l'ouvrage de Ténot, l'enthousiasme inquiétant et inquiété de la souscription Baudin sont venus donner à ces assertions un témoignage éclatant de vérité ; aussi nous croyons utile que chacun vienne, par des récits particuliers, confirmer, compléter le récit général de Ténot.

C'est ce que nous essaierons de faire, dans la mesure de nos forces, sans ordre, au courant de la plume, au fur et à mesure que nos souvenirs et les quelques notes que nous avons conservées nous le permettront, saisissant avec empressement cette occasion de rendre un fraternel hommage au souvenir de notre ami Erasme Mercier. Sans autre préambule nous entrons en matière.

Le 5 décembre au soir, un certain nombre de nos concitoyens, émus avec raison de la tournure que prenaient les événements, nous avaient chargé de voir l'administration municipale, qui, en dépit de la loi, laissait placarder sur les murs de la ville les proclamations *sentimentales* de M. de Morny. Après une entrevue difficilement obtenue et dont les détails sont consignés pour les besoins à venir, nous sortions du cabinet particulier, en compagnie de nos concitoyens, quand une douzaine d'alguazils (le mot est consacré) vinrent opérer notre arrestation, oubliant, tout aussi bien que le triumvirat municipal, l'inviolabilité de la maison commune. Nous sommes convaincu que ces Messieurs ne firent point cette réflexion, car ils se seraient opposés à ce qu'on traitât en ennemi et comme un malfaiteur celui qu'on pouvait regarder comme un adversaire, il est vrai, mais comme un adversaire loyal et convaincu. Nous exigeâmes copie du mandat d'amener et nous vîmes que nous étions accusé *d'excitation à la haine des citoyens les uns contre les autres et d'excitation à la haine et au mépris du gouvernement.* De quoi ne pourrait-on nous accuser aujourd'hui ! Nous étions sous la République : sur les placards de M. de Morny, annonçant la dissolution brutale de l'Assemblée nationale, et enjoignant aux préfets de *fusiller immédiatement* les citoyens pris les armes à la main pour la défense de la constitution, nous avions affiché un appel de vingt-deux membres de la gauche, qui, en donnant le texte des articles 48, 68 et 110 de la Constitution, rappelaient à leurs devoirs le président de la République, les pouvoirs constitués et le peuple français tout entier. Nous étions ce que nous sommes aujourd'hui, républicain convaincu, et nous avions cherché à défendre la République, seul gouvernement légal, en rappelant au respect de la Constitution, qui, quoi qu'on ait dit, était à ce moment la base, la garantie de tout ordre social en France. Et un magistrat honnête, intègre, père de famille, avait trouvé en sa conscience motifs suffisants pour lancer un mandat d'amener. Eh! bien, franchement, malgré la conviction profonde que nous avons aujourd'hui et que nous devons aux lumières des Véron, des Granier, des Mayer et de tant d'autres, dont le désintéressement, et la moralité sont à toute épreuve, qui nous ont éclairé sur nos intentions personnelles; malgré cette conviction, disons-nous, que le *coup d'État* était une mesure *extra-légale et de salut public*, nous ne pouvons nous expliquer une telle conduite, nous ne pouvons même regarder froidement une telle mesure, prise par un magistrat, sans souffrir et sans chercher instinctivement le coupable. Cela vient probablement de ce que, à cette époque, par un entêtement, un aveuglement coupables, nous trouvions une certaine analogie entre coup d'État et coup de main; et nous sommes obligés de l'avouer, nous ne sommes point encore affranchi d'un tel préjugé.

La suite prouvera aux lecteurs bienveillants que le gendarme seul pouvait nous tirer d'embarras et nous démontrer que nous étions coupable.....

Le crime était évident, et aucune hésitation ne nous semblait possible; pourtant on ne savait trop quel parti prendre, le prisonnier devenait embarrassant. On rencontrait dans les rues de Mayenne les ouvriers par groupes; ils avaient même insulté un homme des plus importants et aussi très-inconséquent; le moindre mot pouvait amener un conflit, de plus on sentait *le coup de balai*, on n'avait qu'un désir, qu'un souci : Se mettre du côté du manche; mais qui, en dernier lieu, allait en rester maître? Nous avons connu un gros sous-préfet qui avait ses malles prêtes depuis le 4 au matin. Nous connaissons *certain grand personnage*, qui, le 3, écrivait de Paris : *Résistez! Résistez! le Gredin sera à Vincennes demain;* mais il ajoutait le 7 : *Espérons que la justice du prince président sera clémente et douce.* Pour expliquer et non pour justifier sa conduite, il a dit depuis à un de nos amis qu'il était bien obligé de suivre les événements parce que les événements ne le suivraient pas. Tant mieux, mon Dieu! Aussi l'hésitation dans un tel moment et dans une petite ville de province se comprend : on peut même en tirer une conséquence qui nous semble rigoureuse, celle-ci : si les fonctionnaires qui ont aidé le coup d'État en province, avant d'avoir la certitude d'une réussite à Paris, avaient ajouté la moindre créance aux projets qu'à dessein des écrivains stipendiés prêtaient aux Républicains, dans des écrits qui sont depuis longtemps déjà au pilori de l'opinion publique, ils auraient refusé toute espèce de complicité et même de complaisance. Par ce fait, ils ont rendu au parti républicain un témoignage que sa conduite en 1848 justifiait pleinement.

On fit venir, séance tenante, un juge d'instruction, un procureur de la République, à qui nous refusâmes de répondre, nous couvrant de l'art. 110 de la Constitution. On changea le mandat d'amener contre un mandat de dépôt, ce qui n'enlevait rien à la difficulté du transport à la prison.

Le chef d'escouade, embarrassé d'une mission aussi pénible, surtout pour un père de famille dont le fils aîné, en complète communauté d'idées avec nous-même, pouvait dès le lendemain éprouver le même sort, comme nous le lui fîmes observer, nous demanda de prendre l'engagement de ne proférer aucun cri, aucun appel pendant le trajet ; nous acquiesçâmes en mettant pour condition qu'on permettrait un entretien de dix minutes avec un de nos frères, dont les dispositions étaient loin d'être conciliantes.

Nous le priâmes d'engager nos amis à se tenir calmes, et lui fîmes comprendre que, si la République était vaincue à Paris, tout sacrifice de leur part était inutile, et qu'il était de l'intérêt bien compris de la Démocratie d'enlever autant que possible les chances d'arrestation ; que, dans le cas contraire, ceux-là même qui nous faisaient arrêter, s'empresseraient dès le lendemain de faire ouvrir les portes de notre prison. Nous en avions pour garant l'hésitation, les tâtonnements dont nous étions le sujet depuis près de deux heures. Et pourtant, c'est au nom de la justice qu'on nous arrêtait, et c'est au nom de la justice que l'accusé de la veille pouvait devenir le juge du lendemain !... Triste, bien triste spectacle, et désastreux comme conséquence, puisqu'il subordonne au succès les grands principes de justice et de morale qui s'effacent devant ces mots : *Héros s'il réussit, assassin s'il succombe.*

Ce fut sous ces impressions bien pénibles qu'à 8 heures 30 environ, le 5 décembre 1851, nous fîmes sous bonne escorte notre entrée dans la prison de Mayenne, ne nous doutant point, bien certainement, de *l'agréable surprise* que nous ménageait le 2 décembre, celle de nous faire visiter en toute sécurité les prisons de Bretagne, ligne de Brest. Mais n'anticipons point.

CHAPITRE II.

La prison de Mayenne. — Nos compagnons. — Deuxième arrestation.

Avant de continuer notre récit, nous croyons devoir faire cette déclaration : Pour éviter toute réclamation, pour ne point réveiller certaines susceptibilités, rappeler certaines faiblesses, évoquer certains souvenirs bien tristes, nous éviterons les *noms propres;* pour ceux qui ont eu l'honneur d'être arrêtés au 2 décembre d'abord, et surtout pour ceux qui ont eu *l'honneur insigne* de prêter la main à des mesures arbitraires, mal déguisées sous l'épithète élastique du *salut public.* Nous accepterons avec plaisir toute rectification, voulant surtout être vrai, non pas à la façon des Véron, des Mayer, des Granier et des Nisard, mais bien à la façon de Jacques Bonhomme qui appelle un chat un chat, M. *N.* Chose un voleur, et le *N. Cartouche un assassin.*

A notre entrée dans la prison, nous demandâmes une chambre, une cellule, un compartiment particulier, craignant, par dessus tout, la vie en commun, la *promiscuité* avec des inconnus, surtout dans ce moment où la souffrance pouvait dépasser nos forces et nous exposer à donner à des étrangers, à des indifférents, le spectacle de notre douleur.

Nous n'étions ni de la haute banque, ni du haut commerce, nous n'avions failli ni à l'honneur, ni à nos principes, ce qui était un bien grand crime par le vent qui soufflait, nous pouvions espérer une exception à la règle commune. Il n'en fut rien, et après l'inscription de rigueur sur les livres d'écrou, en compagnie des voleurs et des assassins, on nous conduisit dans une grande chambre décorée du nom pompeux et menteur de pistole, et déjà occupée par quatre locataires, qui, nous en sommes convaincu, auraient volontiers poussé la complaisance au point de nous céder la place.

Après une nuit passée tant bien que mal, sur un lit boiteux, retour du bagne, nous fîmes le 6, au matin, connaissance avec nos compagnons. Le premier, déjà âgé, était détenu pour dettes et espérait lasser la patience de son créancier ; pour ne pas perdre son temps, il faisait des économies sur la provision de 30 fr. qui lui était allouée par mois. Le second, de quelques années moins âgé, était condamné à quelques mois, pour coups et blessures sur la personne d'un notaire ; il passait son temps à déblatérer contre les officiers ministériels en général et contre son notaire en particulier. Le troisième était un jeune homme de vingt ans, qui, par son attitude, par son silence même, nous inspira tout d'abord un intérêt bien mérité ; nous en avons acquis la certitude plus tard.

Voulant empêcher un gendarme de passer sur sa propriété, ce qui était son droit incontestablement, il avait opposé la force à la force, et bousculé ledit gendarme qui, dans la chute, s'était brisé ou *démanché* certaine partie du bras. Nous devons à la vérité de déclarer que ce gendarme n'était pas *Pandore*, mais bien l'autre, et que bien certainement, le grade l'indique suffisamment, il *devait avoir raison*. Ce pauvre garçon se lamentait, bien plus de la douleur profonde dans laquelle il avait laissé sa famille, que des conséquences fâcheuses qui pouvaient en résulter pour lui-même. Pour lui, pour les siens, pour le public même, à cette époque où on n'avait point encore pris l'habitude d'arrêter les honnêtes gens par milliers, le séjour dans la prison laissait une certaine tache, une certaine réprobation contre laquelle il était difficile de réagir. Nous n'eûmes pas trop de peine à le faire revenir d'une pareille prévention ; les arguments ne nous manquèrent point; nous n'eûmes pas même besoin de lui dire que nous n'échangerions pas notre lit boiteux contre *un siége sénatorial.* Nous relevâmes ce courage abattu, en lui faisant entrevoir le renvoi possible devant le jury, et comme conséquence l'acquittement. On pouvait espérer, sans trop de présomption, que le brigadier serait incapable pendant plus de vingt jours; il y en a tant qui le sont plus longtemps. Nous fûmes bien heureux lorsque, quelques semaines plus tard, nous apprîmes par son père, qui pleurait de joie, que nous ne nous étions point trompé dans nos prévisions et que nous avions eu raison de compter sur le bon sens du jury de la Mayenne ; quant au quatrième, nous l'avons complétement oublié.

Nous passâmes cette journée de samedi 6 décembre, à nous promener dans la cour à certaines heures, et le reste du temps dans la pistole, où nos occupations consistaient principalement à fumer. Nous dûmes renoncer à cette distraction, qui, par l'excès devenait une fatigue plus difficile à supporter que la privation, obligé que nous étions de fumer sans cesse, la fin d'une pipe servant à allumer le commencement de l'autre.

Le soir nous persuadâmes, assez facilement il est vrai, à notre gardien, qui, dans sa consigne, dans ses habitudes plutôt, n'avait pas celle de réfléchir, que s'il ne lui était pas permis de nous donner des allumettes, dans la crainte d'incendie, il ne lui était pas défendu de nous donner une bougie; il parut surpris de la simplicité de cette observation et se rendit. Nous pûmes alors joindre l'utile à l'agréable, la lecture à la pipe, car nous avions pu nous procurer un livre, ce qui nous aida à passer cette longue soirée d'hiver, que devaient rendre interminable et le manque d'habitude, et les préoccupations personnelles auxquelles venaient s'ajouter l'incertitude sur les événements, et pardessus tout l'anxiété sur l'avenir de la République !.....

Que se passait-il au dehors? Que se passait-il dans notre petite ville? C'est ce que nous essayerons de raconter sur les renseignements fournis par un ami qui ne fut arrêté que quelques jours après nous.

Notons ici pour mémoire, que ce fut dans cette journée qu'un huissier de notre ville vint, entre les deux guichets, nous signifier le mandat de dépôt. — On se croyait encore obligé d'y mettre des formes! *O simplicité provinciale.*

A Paris la République était vaincue; la promenade militaire du 4 avait décidé du sort de la France, et forcé la population à prendre au sérieux ce qu'elle regardait en riant le 2 et le 3, comme une descente *de..... Boulogne.* Aux trois glorieuses de 1830 et de 1848, les fastes nationales pouvaient ajouter *les trois glorieuses de décembre.*

On avait lavé les pavés des boulevards; il restait bien quelques *éclaboussures* par ci, par là, à hauteur de poitrine! mais qu'était-ce? On avait encore une fois sauvé la France de l'anarchie, rétabli sur leurs bases l'Ordre, la Famille et la

Propriété ! ! ! Sempiternel refrain, lessivage national dont le besoin se fait sentir tous les vingt ans à l'ébahissement toujours *neuf* du grand parti des honnêtes gens, si bien et surtout *si chèrement dépeint* par notre ami Adrien Marchet.

Pour rassurer, pour se concilier, ce grand parti, d'autant plus exigeant qu'il avait eu peur et qu'il avait eu, *par anticipation*, l'ingratitude de ne pas attendre le salut de ce côté, il était urgent de prendre des mesures rigoureuses contre ceux qui, sous la République, avaient osé la défendre sans y être forcés par ce serment : « En présence de Dieu et du peuple français, je jure de rester fidèle à la Constitution de la République et de remplir tous les devoirs qu'elle m'impose. »

La calomnie, la délation vinrent ajouter au zèle fiévreux, et poussèrent aux arrestations en masse, et comme conséquence, à la transportation, à l'exil sans jugement. Larmes, deuil ! déchirements profonds ! et pour un grand nombre, hélas ! Adieux sans retour ! ! Un *Te Deum* vint consacrer le tout, et. . . . .
mais arrêtons-nous, avouons notre impuissance, et laissons aux historiens compétents l'honneur

de buriner ces pages de notre histoire contemporaine.

La ville de Mayenne donna en *raccourci* la seconde partie de ce triste spectacle, plus hideux qu'à Paris, parce qu'on voyait les acteurs de trop près, et que se connaissant tous, la délation, la lâcheté ne pouvaient avoir pour excuse la crainte de l'*inconnu*.

Le 6, au matin, avant le jour, on arrêta un jeune homme de nos amis, qui nous accompagnait lorsque nous avions affiché l'appel au peuple, prétexte de notre arrestation. Pendant le trajet de son domicile à la prison, une conversation intime, qu'autorisait des relations de famille, devint le prétexte d'un procès-verbal signé du maréchal-des-logis et du brigadier. Nous rappelons ce fait uniquement pour justifier cette prétention d'un ex-juge de paix de Mayenne, qui nous disait, en 48, que le mandat du gendarme était indélibile et permanent, jusqu'à *la réforme* bien entendu, et aussi pour constater cet excès de zèle, peu moral. — Les nouvelles du jour étaient contradictoires, et furent exagérées en tous sens par la peur, cette maudite conseillère; aussi l'administration louvoya et laissa même à quelques ouvriers la satisfaction d'une petite manifestation en faveur des prisonniers; on permit aussi à deux de nos amis de nous faire une petite visite, pendant laquelle, malgré la présence du geôlier-chef, ils purent nous faire comprendre que les nouvelles reçues de Paris, du Mans et d'Angers étaient désastreuses pour la République.

CHAPITRE III.

Les honnêtes et modérés. — Manifestation des ouvriers Transfert à la prison de Laval.

Le 7, les nouvelles reçues ayant certaine consistance, donnèrent aussi certaine chaleur aux dévoués du lendemain, dont les sympathies sont toujours acquises au succès. On se décida à sortir d'une apathie un peu compromettante par la facilité de l'interprétation ; on hasarda quelques louanges pour les uns, quelques calomnies pour les autres, et comme il n'y avait plus, ou très-peu de danger, on trouva que c'était le moment de se montrer. On décida en petit comité (ils étaient trois) le transfert des prisonniers à la prison de Laval, surtout pour enlever tout prétexte à une manifestation des ouvriers qui avaient déclaré à plusieurs reprises l'intention de démolir la prison. On fit appel aux gens de bonne volonté pour composer un *poste d'ordre* à la mairie, où chacun arriva en cachette, et clopin-clopant, comme des gens disposés à commettre..... *une belle action.* Si nous en croyons la chronique, de fausses alertes causèrent, dans cette soirée du 7, plusieurs paniques assez grotesques ; ils étaient entassés dans le corps-de-garde, dans une obscurité profonde, obscurité qui dure encore pour nous aujourd'hui, et qui fait que malgré toutes nos recherches, toutes nos demandes, nous n'avons point encore de renseignements sérieux, n'ayant pu trouver un seul de nos concitoyens, avouant franchement avoir fait partie de ce corps de volontaires, sous les ordres du lieutenant de gendarmerie.

Par des rapports de police, ces messieurs apprirent que les ouvriers avaient l'intention de se porter sur la route de Laval pour enlever les prisonniers au passage. Qu'on juge de leur étonnement ! Une décision prise à trois était déjà le secret de la ville ! Quel était l'indiscret ? Ils se posent cette question aujourd'hui encore. Nous croyons qu'il n'y eût point d'indiscrétion, mais simple coïncidence ; les ouvriers avaient entendu dire par plusieurs de nos amis, que très-probablement on nous enverrait à Laval à la disposition du préfet ; cette supposition, colportée, commentée, saisie au vol par la police, *enflée* par elle selon *sa louable habitude*, avait pris en fort peu de temps la consistance d'une détermination et provoqué certaine agitation beaucoup plus sensible ce jour de dimanche.

Quoi qu'il en fût, la translation à Laval était plus urgente que jamais; aussi la nécessité suggéra un moyen d'un mérite incontestable et dont nous félicitons l'auteur : ce fut de suivre, pour se rendre à la correspondance de Martigné, les petits chemins de Saint-Germain et de Montgiroux, sur la rive droite de la Mayenne. Les ouvriers, ne se doutant de rien, attendraient sur la route directe, perdraient patience, rentreraient chez eux, convaincus que rien n'était changé, et *le tour serait joué*, au nom du droit et de la justice. Quelle triste idée doit-on se faire, aujourd'hui que nous sommes loin de l'*attentat* de décembre, de cette justice qui, intervertissant les rôles, obligeait ses représentants, ses exécuteurs à se cacher la nuit dans ces chemins *de traverse*, comme des larrons et des coupe-jarrets ! Trop heureux pourtant si on s'en fut tenu là !

A onze heures environ on prit au poste un détachement *des plus solides*, *des plus convaincus*, que l'on cantonna sans bruit sur la place des Halles, voisine de la prison ; on y rencontra un de nos amis qui, depuis deux jours, semblait surveiller leurs mouvements ; il pouvait devenir très-gênant, et, en donnant l'éveil, faire avorter ce petit plan assez bien conçu ; on l'arrêta sans mandat et on le conduisit à la prison, moyen aussi ingénieux qu'infaillible de l'obliger à une certaine discrétion. Après ce petit exploit, vers minuit, on vint nous éveiller et nous prier de descendre au greffe, où nous attendaient huit ou dix gendarmes qui nous communiquèrent les ordres qu'ils avaient reçus de nous transférer immédiatement à la prison de Laval. Sur notre demande expresse, un d'entre eux prit l'engagement, dont il s'acquitta, de prévenir nos familles, qu'un enlèvement dans de telles conditions pouvait plonger dans une inquiétude mortelle. On nous mit la chaîne, ou plutôt *la chaînette* de laiton ordinaire. (Réservons la qualification de chaîne pour les joujoux *sérieux et confortables* dont nous aurons à parler plus tard.) De la geôle à la voiture, nous aperçûmes dans l'ombre l'officier de gendarmerie qui, par modestie, par discrétion probablement, laissa à son maréchal-des-logis et à son brigadier tout l'honneur de ces expéditions. Nous aurions pourtant été bien heureux de pouvoir lire sur sa figure l'expression calme, énergique du devoir accompli ; expression que nous cherchons vainement depuis, chaque fois que nous avons le plaisir de le rencontrer. Nous partîmes, ne nous doutant point, en passant la porte du vieux château, qu'à 25 pas de là, un certain nombre de nos concitoyens se tenaient dans l'ombre et le silence armés de fusils et de mauvaises intentions à notre adresse ; tous nous connaissaient pourtant ! Avaient-ils conscience de la complicité morale qui leur incombait ? Nous en doutons, et, dans tous les cas, nous oublierons de grand cœur, nous contentant de la publicité, comme unique châtiment, ou plutôt comme une récompense à laquelle tous, sans exception, se sont dérobés jusqu'à ce jour.

Avouons ici, comme nous l'avons fait plusieurs fois à nos amis, que lorsque nous vîmes la voiture prendre la route de Fontaine-Daniel, nous ne pûmes nous défendre d'un sentiment de crainte que justifiaient assez, on en conviendra, et l'heure et les lieux par où on nous conduisait. Après quatre heures de marche par un froid glacial, nous arrivâmes à Martigné, où le changement d'escorte nous permit de profiter d'un bon feu, que le maître d'hôtel, qui nous connaissait, s'empressa de faire à notre intention.

Le brigadier de l'endroit, à son entrée dans la salle, lança ces mots, en plongeant de notre côté : *Où sont les oiseaux?* Expression tirée sans aucun doute de la théorie, évangile du gendarme, qui nous blessa, à tort, nous le reconnaissons aujourd'hui, car, pour ce brigadier, nous n'étions qu'une *variété dans la volière.*

Nous arrivâmes à Laval à 8 heures 30 minutes, sans autre incident remarquable qu'une conversation assez piquante d'à-propos, entre les deux gendarmes assis devant nous : *Qui se serait douté de cela! j'étais à Strasbourg*, disait l'un; *j'étais à Boulogne,* disait l'autre; *ça ne durera pas!* — Ils ne voyaient aucune différence entre ces *échauffourées comiques* et les journées de décembre, dont le succès leur semblait éphémère ; ils ne pouvaient se douter en ce moment que, dans la journée du 4, le *coup d'État* avait reçu le baptême d'une façon éclatante et préparé à l'empire une consécration ineffaçable.

Après l'inscription et le récépissé de rigueur, on nous conduisit dans une ancienne chapelle délabrée, sans plafond, au toit crevassé et dont les fenêtres avaient pour toute garniture des madriers distancés les uns les autres de 10 centimètres et reliés entre eux à un mètre de l'ouverture ; tout cela pour nous garantir du froid *et de l'indiscrétion.* Touchante sollicitude que nous avons toujours payée d'ingratitude ; ingratitude d'autant plus noire, que cette Excellence, M. Rouher, a prétendu qu'en décembre, on avait incarcéré, exilé, transporté les républicains, sans jugement il est vrai, mais uniquement dans leur intérêt, pour les soustraire à l'indignation *des Prudhommes du grand parti de l'ordre.* Qui s'en serait douté ! surtout quand on a vu, de tout temps, ce *gros bonnet à poil* arriver tout essoufflé, comme un marquis que nous ne nommons pas, trois jours après la bataille. — Devant des allégations aussi bouffonnes, on se demande si ces gens-là se prennent au sérieux, et s'il est possible qu'un changement brutal puisse, sous le coup de la peur, amener à un tel degré de perversion. Pour réduire de pareilles fanfaronnades à leur juste valeur, nous proposons et acceptons ceci : reprendre une instruction sérieuse contre nous à partir du 2 décembre 1851, et nous faire comparaître devant une juridiction quelle qu'elle soit, pourvu que les débats soient publics, la défense libre et qu'on nous accorde action reconventionnelle.

CHAPITRE IV.

Notre nouveau logement. — Le gardien-chef. — Nos iuquiétudes. — M. Grosbois.

Aussitôt seul, nous commençâmes l'inspection de notre nouveau logement, *de notre cage*, ce qui ne fut ni long, ni difficile. Cette immense pièce longue de 34 pas, large de 14, avait pour tout ameublement, l'une à droite, l'autre à gauche, deux énormes caisses construites sur place avec des madriers, et divisées en trois compartiments de deux mètres chaque, en hauteur, largeur et profondeur; le tout orné de barres de fer et de cadenas d'un luxe aussi écrasant que ridicule; sur chaque porte, une petite ouverture de 20 cent. sur 15, et encore garnie de doubles barreaux, ne permettait pas de distinguer si ces caisses contenaient quelqu'un ou quelque chose. Nous ne pouvions admettre que cela eût été fait pour des hommes; nous n'aurions point voulu croire à ce moment qu'il nous était réservé d'en apprécier *toutes les douceurs.*

Vers huit heures, un gardien nous apporta notre soupe dans un élégant petit pot en terre rouge, surmonté d'une cuillère de bois, avec laquelle nous eûmes assez de peine à nous familiariser; pourtant, après quelques maladresses préjudiciables à notre appétit, nous arrivâmes à nos fins.

A dix heures, le gardien-chef, *orné d'un ruban lui aussi,* vint nous faire une petite visite, uniquement pour faire connaissance avec ses nouveaux locataires. Après quelques banalités, que ce pauvre sire prenait pour des consolations, il nous fit part de son embarras pour nous procurer un lit; ses appartements, ses chambres, tout était occupé, *le commerce allait si bien;* il se trouvait, à son grand regret, obligé de nous mettre avec les condamnés.

Il ajouta qu'il avait reçu la visite de nos parents, et qu'il avait une certaine somme à notre disposition; ce qui, dans de telles conditions, est la plus sûre et la meilleure des recommandations. Nous manifestâmes toute notre inquiétude, une certaine répulsion à être confondu avec des voleurs et des condamnés de toute sorte, et en présence d'une telle éventualité, et pour éviter toute tentation, nous le priâmes de vouloir bien nous servir de caissier. Après quelques réticences, il nous dit qu'il avait bien une petite chambre très-convenable, *mais chère*, qui avait servi à un banquier et qu'il ne pouvait nous donner à moins de 30 francs par mois.

Nous eûmes la naïveté de lui dire que nous l'arrêtions à 1 fr. par jour; il répondit qu'il ne la louait qu'au mois; nous l'arrêtâmes, et bien nous en prît, puisque pendant plusieurs mois nous fûmes son locataire forcé.

Après son départ, nous aperçûmes, se promenant dans la cour, dans un costume presque ridicule pour un pareil lieu, un de nos amis, percepteur aux environs d'Ernée; toute sa personne était empreinte d'un sentiment de tristesse et d'inquiétude navrantes.

Qu'avait-il fait? Comment se trouvait-il en prison? si ce pauvre ami, Républicain sincère il est vrai, mais si doux, si bon, en dehors pour ainsi dire de la politique active, avait pu porter ombrage au pouvoir ou à ses représentants, tous nos amis d'Ernée devaient infailliblement être arrêtés! A ce moment nous craignîmes de comprendre l'embarras de notre maître d'hôtel.

En agitant notre mouchoir au travers des barreaux, nous pûmes, après une heure de fatigue, attirer son attention, et lui faire comprendre qui nous étions. Il nous fit un geste désespéré que nous comprîmes trop tard, et l'eussions-nous compris, qu'il nous eût été impossible à ce moment de rien faire, puisque, par ordre, nous étions au secret. Le soir, après le coucher de nos compagnons d'hôtel, on vint nous chercher et on nous conduisit dans la fameuse petite chambre, que nous trouvâmes charmante et que nous avons regrettée bien des fois depuis. On nous recommanda un grand silence; on en fit même une condition à laquelle nous devions nous soumettre, sous peine d'être conduit dans le dortoir commun. Le lendemain matin, avant l'ouverture réglementaire, on nous ramena dans notre premier logement, où on vint nous prendre pour nous conduire à l'instruction dont était chargé le procureur de la République.

Nous allons donner une courte biographie

de ce magistrat, pour ce motif que si ceux qui, jusqu'à ce moment, avaient prêté la main à des arrestations arbitraires, à une détention inique, pouvaient, à la rigueur, se réfugier derrière un mandat régulier dans la forme et renvoyer toute responsabilité à leurs supérieurs, il n'en pouvait être ainsi pour ceux qui, sachant ce qu'ils faisaient, ne pouvaient et ne peuvent décliner une responsabilité d'autant plus légitime, qu'ils en ont retiré certain bénéfice, comme nous le verrons plus tard. Ces quelques lignes serviront aussi à déterminer le degré de confiance, de respect que l'on doit à une magistrature qui, oubliant toute tradition, oubliant même les notions les plus élémentaires de morale, sacrifie à tout régime et se fait l'instrument docile, aveugle du plus fort. Ce magistrat intègre trouvera d'ailleurs dans sa conscience, nous n'en doutons pas, une grande satisfaction en voyant son nom cité ici; car, pour lui et ses pareils, nous sortirons de la réserve que nous nous sommes imposée tout d'abord. Nous emprunterons les deux premières parties de cet aperçu à l'ex-rédacteur de l'*Indépendant de l'Ouest*, qui avait eu, nous le croyons, la bonne fortune de nous précéder dans la petite chambre à 30 francs par mois.

« Ce fut au mois d'octobre 1845, que nous « comparûmes devant la Cour d'assises de la « Mayenne, pour notre premier procès, sous le « règne de Louis-Philippe. C'est au mois d'oc- « tobre 1848 que nous devons comparaître de- « vant la Cour d'assises de la Mayenne, pour « notre premier procès sous la République. En « 1845, nous avons été poursuivi à la requête « de M. Grosbois, procureur du roi ; en 1848, « nous sommes poursuivi à la requête de « M. Grosbois, procureur de la République. »

(*L'Indépendant de l'Ouest.*)

En 1848, M. Grosbois, dont *la bosse* de la justice est aussi prononcée que mobile, poursuivait, au nom de la République, pour délit d'excitation à la haine et au mépris du gouvernement, l'écrivain qu'en 1845 il poursuivait au nom du roi, parce qu'il faisait appel au gouvernement légal du pays, contre le gouvernement des 221.

Ces poursuites contradictoires, à trois années de distance, pouvaient encore à la rigueur se comprendre, ou plutôt s'expliquer, en faisant, bien entendu, abstraction de la personne de M. Grosbois, qui, par dignité, par pudeur, aurait dû quitter son fauteuil, à la chute du roi son maître, en admettant que le rédacteur de *l'Indépendant* eût attaqué, et Louis-Philippe et la République; mais ce que tout honnête homme ne pourra comprendre, parce que, ici, toute notion de justice disparaît, c'est que le même M. Grosbois ait pu, à trois années de distance, en décembre 1851, poursuivre sous la République et en son nom, ceux qui la défendaient; et cela au bénéfice de ceux qui, en violant leur serment, non-seulement excitaient à la haine et au mépris des citoyens les uns contre les autres, mais encore consommaient le reversement de la République par la guerre civile.

Nous comprenons que l'auteur du 2 décembre ait trouvé toute garantie dans des magistrats de cette trempe; ce qu'ils avaient fait donnait la mesure de ce qu'ils pouvaient faire; mais ce que nous ne comprenons pas, c'est que les ministres de la République aient cru devoir conserver, protéger même cette magistrature, triste, bien triste héritage que nous laissaient les Martin du Nord et les Hébert, et qui ne devait être accepté que sous bénéfice d'inventaire. Qu'on ne vienne pas invoquer, comme garantie d'indépendance et de respect, l'inamovibilité des juges! Qui peut plus peut moins! Qui chasse un ministre de la justice peut chasser ceux qui sont sous ses ordres; qui chasse le maître peut chasser le valet. Les barricades d'ailleurs avaient balayé du même coup l'inamovibilité des juges et l'inviolabilité du roi dont ils s'étaient fait les courtisans et les complices. Qu'on n'aille pas nous accuser d'excitation à la haine et au mépris de la magistrature; nous n'en avons point l'intention parce que nous trouvons cela inutile, à cause justement de la protection qu'on a eu soin d'introduire dans le Code; comme si le respect et la morale se codifiaient !

Disons toutefois, pour l'acquit de notre conscience, qu'avec tous les articles de loi possibles, on ne fera jamais respecter ce qui est méprisable; *tous les* Cassagnac *de tous les pays* auront beau crier sur tous les tons, voire même chanter un *Te Deum*, *un chat* n'en sera pas moins *un chat* et *N. Cartouche* et consorts des *assassins.* Nous gardons pour nous et nos intimes, nos appréciations sur *les corps constitués*, nous réservant une revendication légitime qui ne sera jamais frappée de prescription. Finissons par cette petite morale bien respectable aussi : M. Grosbois fut nommé conseiller à la Cour d'Angers où il étale encore aujourd'hui sa décoration ; car, nous avons oublié de le dire, tant cela est devenu commun, il avait été décoré en 1847. Nous espérions toujours à notre retour d'Afrique recevoir une carte ainsi conçue : « M. Grosbois, ✻, conseiller à la Cour d'Angers, ancien procureur du roi, de la République, de l'empire. » Nous attendons encore.

CHAPITRE V.

Semblant d'instruction. — Bey Ding-ding. — De Luçay. — Napoléon le Petit. — Le piége. — Mort d'un de nos amis.

Ce fut devant ce magistrat peu intelligent que nous comparûmes. Nous supposons pouvoir hasarder, sans aucun risque, cette opinion consciencieuse, partant respectable, si elle n'est flatteuse pour l'individu. A la première question nous refusâmes de répondre, nous abritant derrière la loi, comme nous l'avions fait à Mayenne. On nous fit voir complaisamment l'interrogatoire de nos amis de Laval qui étaient arrêtés et au secret; pour éviter une position exceptionnelle, et aussi la mise au secret qui en était la conséquence, nous acceptâmes de répondre. L'interrogatoire fut assez embarrassé, cela se conçoit; on voulait avoir certaine apparence de droit, c'était difficile. On saisit la marotte du jour, les sociétés secrètes; on était convaincu qu'il n'en existait pas même l'apparence, mais qu'importait, il fallait *un maintien*. On avait saisi chez un ami deux lettres de nous et on nous demanda, avec un sérieux comique, l'explication des deux mots, sec. trés. qui suivaient notre signature, et qui avaient intrigué outre mesure la trop sensible imagination de notre adversaire. On nous demanda même l'explication d'une lettre adressée à un tiers par notre ami arrêté à Mayenne le 7, et détenu dans la prison de cette ville, dans cette lettre il était question d'un grand Bey Ding-ding, qui, sur le chemin de la Croix depuis 1815, n'en était encore qu'à la sixième station. (Entre nous, il mit encore dix années et plus pour arriver au Calvaire), ce qui n'empêcha pas un mauvais plaisant de représenter ce pauvre et long Bey, s'écriant au pied du Christ : *Oh! mon Dieu, nous ne l'avions méritée, ni l'un, ni l'autre*. Nous donnâmes toutes les explications et mîmes à leur lieu et place, les noms *propres*, si on peut les appeler ainsi ; pas sans rire toutefois, ce qui nous valut certaine observation sur notre irrévérence à l'endroit de la Légion d'honneur. Nous avouâmes que nous n'y attachions pas grande importance ; que les hommes pour nous étaient ce qu'ils valaient sans enseigne et non conséquemment ce qu'ils paraissaient ; que ce signe distinctif ne pouvait pas même être pour nous une présomption, parce que nous l'avions vu souvent s'étaler sur la poitrine de gens qui auraient été bien embarrassés de nous dire pourquoi ; trop heureux si on eut pu leur appliquer la phrase prêtée au Bey cité plus haut, et qui s'applique si bien à un vieux *camarade* de Mayenne, *un brave homme*, qui nous apparut, un beau matin, aussi embarrassé que nous fûmes surpris. Nous ajoutâmes que nous en connaissions un qui avait été décoré en 1847 pour avoir reçu un coup de pierre dans le talon. L'allusion lancée à brûle-pourpoint, ou plutôt à *brûle-robe*, était trop claire pour ne pas être embarrassante, aussi mit-elle fin à ce premier interrogatoire. — Combien en avons-nous vu depuis, bon Dieu ! qui se sont abaissés à un rôle méprisable, pour obtenir un signe, qu'en bonne conscience, on devrait, au moins pour eux, changer de nom.

Le lendemain, nouvelle comparution, et cette fois en présence de M. Nap. de Luçay, préfet de la Mayenne, qui vint nous tendre un piége dans lequel nous faillîmes nous laisser prendre. Nous avions eu le plaisir de le voir à une réunion du conseil général où il était venu demander l'abrogation du fameux art. 45 de la Constitution, ce qui lui avait valu de la part d'un futur ministre de l'empire, qui ne s'en doutait guère, un rappel au respect de la loi, et cela de main de maître. Après avoir, sur notre demande, décliné ses noms et qualités, il fit appel à notre cœur, en affirmant, avec un semblant de bonne foi dont nous faillîmes être dupe, que nous allions être la cause de l'arrestation d'un grand nombre de nos concitoyens, parmi lesquels beaucoup de pères de familles. Le gouvernement était persuadé, sur des rapports de police, que le département était miné par des sociétés secrètes; et puisque nous avions la preuve évidente, convaincante du contraire, il ne tenait qu'à nous, en lui remettant nos papiers déposés en lieu sûr, d'empêcher ce malheur, et même de faire relâcher ceux déjà arrêtés. Nous avions dit la veille, en réponse à cette accusation, que nous ne croyions point sérieuse, que cette organisation prétendue secrète était simplement une souscription mensuelle dont le produit servait à payer des abonnements à divers journaux, et dont le chiffre s'élevait à 250 au moins pour notre département. Comme secrétaire-trésorier de cette association bien connue, puisque les observations des employés des postes sur les irrégularités nous étaient faites personnellement, nous possédions et la correspondance et les registres que nous réservions pour la défense commune, pour les produire le jour où on nous ferait comparaître devant une juridiction légale, quelle qu'elle fût. Ces bons messieurs nous assurèrent qu'ils étaient bien convaincus de la véracité de nos assertions, mais qu'il était indispensable pour eux, de se justifier d'une pareille accusation, et que, pour détruire toute prévention ministérielle, il était de toute nécessité que nous leur confiions toutes ces pièces. On fit de nouveau un appel pressant à notre générosité, à notre loyauté *bien connue*, persuadés que nous reculerions devant la responsabilité si grande d'arrestations dont le nombre pouvait s'élever à deux cents. Nous demandâmes la nuit pour réfléchir et regagnâmes la prison. Cette nuit fut passée sans sommeil et nous apporta la détermination bien arrêtée de ne point nous désaisir de preuves qui devaient être le salut de tous. Bien nous en prit, car, au lieu de dix-huit qui furent arrêtés dans le département, qui peut dire jusqu'à quel chiffre seraient monté le dévouement, le zèle d'un procureur, d'un préfet, excités l'un par l'autre ?

Le lendemain matin, avant de quitter notre petite chambre, le pauvre ami que nous avions vu la veille dans la cour, vint, en appliquant ses lèvres contre la serrure, nous dire quelques mots ; nous l'encourageâmes en lui disant que très-probablement le secret serait levé le lendemain et qu'alors nous serions réunis. Une heure après on vint nous prendre et on nous conduisit au bureau de police, où le commissaire central, après avoir chargé une paire de pistolets, nous pria de monter dans une voiture qui stationnait devant la porte. On nous conduisit à la préfecture, où M. Nap. de Luçay nous apprit que, certain de notre acquiescement, il avait chargé M. le commissaire de nous accompagner à Mayenne, où nous devions lui faire la remise de nos papiers. Nous fîmes part du conseil que la nuit nous avait apporté, en ajoutant que cette détermination était irrévocable, que nous conservions toutes ces pièces pour les produire devant des juges. Ce fut en ce moment que le commissaire annonça qu'un malheur était arrivé en prison, que notre ami s'était tué. Nous ne pûmes contenir ni notre douleur, ni notre indignation, et nous dîmes à ce préfet qu'il eût à souhaiter que cette première victime fut la seule à porter à son compte. On ne nous laissa point achever, et, pour toute réponse, nous entendîmes ces mots dits d'un ton sec : Reconduisez monsieur en prison : ce qui fut fait et lestement.

Voyons maintenant ce qu'avait fait ce pauvre ami, qu'un moment de faiblesse, poussée jusqu'à la folie, avait conduit à cette dernière extrémité. Comme nous l'avons dit, il gérait une modeste perception aux environs d'Ernée, et, comme tous les fonctionnaires, avait reçu du préfet une demande d'adhésion au coup d'État. (Faisons remarquer en passant que le gouvernement provisoire attendait les adhésions et ne les imposait à personne.) Son passé, ses relations, et par dessus tout ses convictions et sa dignité, lui faisaient un devoir de refuser. Après avoir consulté plusieurs amis d'Ernée, il partit pour Laval, craignant qu'un refus par lettre ne fut mal interprété. Il se présenta chez M. le préfet, qui, après de courtes explications, le pria de passer au parquet, pour y déposer son refus d'adhésion, ce qu'il fit sans la moindre défiance. Il renouvela ses explications à M. Grosbois, qui, pour toute réponse, ordonna à deux gendarmes de le conduire en prison.

Cet homme honnête, trop honnête pour être compris par ceux-là, refuse une adhésion qui répugne à sa conscience, et pour reconnaître un acte si rare et si méritoire, sans forme, sans pudeur, on le jette brutalement en prison ! Le coup fut terrible, sa raison s'égara ; il crut qu'on allait l'accuser d'infidélité dans ses comptes ; il ne put tenir à la pensée de la douleur de sa mère et de sa sœur, dont les noms étaient continuellement sur ses lèvres ! « Je suis un « honnête homme, disait-il ; qu'on vérifie ma « caisse ! Et ma mère et ma sœur ! que vont- « elles devenir ! elles vont mourir de douleur ! « Oh ! mon Dieu, que vais-je devenir, je ne suis « point un voleur ! » Il passa la nuit dans une agitation continuelle, malgré les soins et les consolations d'un de nos amis de Laval qui se trouvait dans la même chambre, et qui malheureusement ne le connaissait point.

Sur sa demande, le médecin fut mandé, il déclara que ce n'était rien. (Ce docteur était lui aussi décoré.) La surexcitation comme la douleur ne fit que s'accroître pendant la seconde journée et la seconde nuit, et ce fut pour lui procurer un peu de repos, qu'à la demande de notre ami, on le fit passer dans une chambre de la Tour, quelques minutes après notre petit entretien au travers de la serrure.

Malheureusement il y avait dans cette pièce de quoi accomplir son funeste dessein, et quand, vingt-cinq minutes après son entrée, on se présenta pour voir s'il reposait, on le trouva mort ! !

La commotion avait été trop violente pour cette organisation de poëte ; dans la force de l'âge et de l'intelligence, lui si bon, si aimant, si dévoué, il avait manqué de courage et oublié qu'il laissait dans les larmes et la désolation une famille chérie, des amis nombreux ! ! !... A qui incombe la responsabilité d'un tel malheur, ayant pour nous, par les motifs déterminants, toute la gravité du crime ??..... Et ces Morny au petit pied, qu'a si bien stigmatisés Gambetta, vivent insouciants, calmes, gais peut-être ! Et quand ils passent, on dit : Ce sont des gens honnêtes, estimables, de bons pères de famille qui aiment bien leurs enfants ! car ces gens-là ont des enfants ! *Ils sont presque tous décorés*. Dussions-nous renouveler connaissance avec eux, nous dirons nous : Non, ils ne sont point honnêtes ceux-là, qui sont suivis à chaque pas, par un groupe d'honnêtes gens, incarcérés, proscrits, transportés *sans jugement*, enchaînés avec des forçats et ayant à leur tête un cadavre ! !...

CHAPITRE IV.

L'intsruction aux abois.— M. Berrier-Fontaine, chevalier de la Légion d'honneur aux petites écuries. — Les bienfaits du coup d'État.

Comme nous l'avions prévu, le secret fut levé et l'instruction remise aux mains du juge d'instruction qui, à la première entrevue, comprit et l'impuissance de M. Grosbois et son empressement à se décharger d'une instruction dont le résultat tournait contre nos accusateurs.

Nous donnâmes à ce magistrat tous les renseignements possibles; nous lui dénonçâmes même, ce dont ne se doutaient ni M. de Luçay, ni M. de Grosbois, que le 4 décembre au soir, dans une réunion très-nombreuse, nous avions proposé de prendre les armes pour la défense de la République, ce qui était pour nous, non-seulement un droit incontestable, mais encore un devoir rigoureux. En présence de la franchise de nos déclarations, il nous dit, et répéta

3.

à nos amis, qu'il ne pouvait rien comprendre à une situation aussi fausse ; que si quelques-uns devaient être en prison, c'étaient nos adversaires, que si nous ne passions point devant la cour d'assises ou la correctionnelle, seules juridictions légales, il ferait sa démission. Il poussa la complaisance jusqu'à nous communiquer tous les procès-verbaux de tous ces bons messieurs, et aussi certaines dépositions dont la lecture nous souleva de dégoût. Nous faisons grâce des noms, convaincu que ceux-là n'ont point attendu ces lignes pour comprendre et regretter l'odieux de leur conduite. Il nous avoua même qu'il recevait de Mayenne les interrogatoires tout prêts et qu'il ne pouvait s'expliquer un tel acharnement.

A bout de moyens, on voulait faire remonter l'instruction jusqu'au mois d'octobre 1851 et nous demander compte d'un article que nous avions publié dans l'*Indicateur de Mayenne*, en réponse aux attaques bien dignes de leur auteur, le rédacteur du *Moniteur de la Mayenne*.

Un mot en passant, et puisque l'occasion s'en présente, sur celui qui avait été cause de cet incident, M. Berrier-Fontaine, docteur et citoyen, quand nous l'avons connu, et devenu depuis, *par grâce toute spéciale, médecin-vétérinaire et par quartier des petites-écuries, chevalier de la Légion d'honneur, maire d'Argentan, candidat bénévole et malheureux à perpétuité, le Berton de l'empire!!!* En échange des compliments chaleureux qu'il nous prodigua à cette époque, pour notre dévoûment à la cause démocratique, qu'il reçoive ici nos bien sincères félicitations pour sa conversion *si désintéressée* à la cause napoléonienne.

Passons, et reprenons notre récit.

Aux prétentions ridicules de l'instruction nous opposâmes un silence complet, regrettant en conscience les conversations presque intimes et certainement fort instructives que nous avions avec le magistrat instructeur. Nous l'édifiâmes sur les faits et gestes de certain misérable qui, dans ces tristes et honteuses journées, et pour l'anéantissement de ceux qu'il supposait un obstacle à son avenir politique, ne recula devant aucune lâcheté; calomnies de toute sorte, faux témoignages furent les seuls mobiles de ses visites hebdomadaires à la préfecture. Comme nous avons l'intention de donner sa biographie, aussitôt que ce sera possible, nous réservons notre juste indignation pour cette occasion ; nous ne craignons qu'une chose, c'est que ce moment arrive trop tard, malgré nos vœux bien sincères à son intention de longévité et de prospérité, *pas politique pourtant.* Pour unique châtiment bien mérité, tous le reconnaîtront, nous serions heureux de le voir assister au triomphe de nos idées, triomphe auquel il serait capable d'applaudir par habitude d'abord, et aussi pour prouver que nous avions eu tort de compter sur un reste de pudeur de sa part.

Nous devons à l'obligeance d'un lecteur bienveillant de pouvoir rectifier une erreur bien involontaire contenue dans notre dernier article ; nous avons à tort attribué à M. Berrier-Fontaine, *Docteur attaché*, la qualité de maire d'Argentan, fonction qu'il nous semblait assez difficile, il est vrai, de concilier avec sa position aux écuries, quoique, par le budget qui court et la soif des honneurs qui règne, tous les cumuls soient possibles. Le maire d'Argentan est M. Berrier-Fontaine, avocat, frère du précédent, que nous ne connaissons point, et à qui nous ne voulons en aucune façon faire un reproche de la *préférence honorable* dont il a été l'objet de la part du gouvernement du 2 décembre.

Comme contraste au tableau dégoûtant que nous venons de faire passer sous les yeux du lecteur, et non pour éveiller des remords dont nous croyons ces gens-là incapables, nous allons dire quelques mots d'une famille disparue toute entière depuis le coup d'État. Nous acquitterons une dette de reconnaissance personnelle ; nous serons l'interprète de tous nos compagnons de captivité et aussi de tous nos concitoyens qui ont pu apprécier les solides vertus de M. Beauchêne, et qu'un aveuglement politique ne rendit point injustes, criminels même, au point d'oublier les services signalés qu'il rendit à la ville de Mayenne en 1847, pendant la terrible crise de la faim.

Ce vieillard, après une perquisition faite chez lui, d'une façon inconvenante et brutale par un jeune substitut né à Mayenne (*aujourd'hui président quelque part, et probablement décoré*), put, par son sang-froid, par son courage, cacher son arrestation à sa vieille mère octogénaire. Il partait, disait-il, pour Alençon où l'appelait, par exprès, son beau-frère, juge près le tribunal civil et qui était dangereusement malade. De la prison de Laval, du château de la Trémouille, il adressait sous enveloppe ses lettres à Alençon, d'où on les expédiait à Mayenne.

La maladie supposée dura aussi longtemps que sa captivité que, par bienveillance et eu égard à ses 60 ans, le gouvernement paternel de Bonaparte changea en exil. Nous n'oublierons jamais ses adieux si touchants, si paternels même; les larmes, les sanglots l'étouffaient; non sur sa position, ces natures-là ne pensent point à eux, mais sur l'incertitude menaçante de la nôtre. « Puisqu'on m'envoie en exil, disait-il, et qu'on vous garde, que vont-ils faire de vous, les misérables! Ils vont vous envoyer mourir en Afrique, à Cayenne peut-être! » La plume est impuissante à rendre les émotions de ces dernières minutes. Nous pûmes le rassurer en lui témoignant une affection aussi sincère que celle dont il nous donnait lui-même un si chaud témoignage; par notre quiétude nous parvînmes à le convaincre que, jeune, nous nous sentions le courage, la force de supporter toutes les épreuves, et que nous étions persuadé de revenir un jour plus fort, plus convaincu. En lui ouvrant les portes de la prison, on lui donna cinq jours pour régler ses affaires; il les employa à habituer sa vieille mère à la perspective d'une nouvelle et longue séparation.

Il avait un fils jeune, il fallait le lancer dans le travail, *qui est de devoir pour tous;* l'occasion était belle, il était à même d'une place d'inspecteur sur la ligne du Nord; il accepterait pour quelques mois seulement, car il arriverait, sans aucun doute, à faire agréer son fils en son lieu et place. L'amour, le dévoûment firent merveille; il put faire accepter ou à peu près ce pieux mensonge. Il partit avec son fils pour la Belgique, laissant dans les larmes et dans la désolation sa mère et sa sœur qu'il ne devait plus revoir. Lorsque la bonne vieille, à bout de forces, sentant ses derniers moments approcher, appela son fils pour lui fermer les yeux, il demanda une permission pour aller remplir ce pieux et sacré devoir. Par une faveur dérisoire, on lui accorda cinq jours, aller et retour compris, pour se rendre de Hasselt (duché de Limbourg) à Mayenne; et encore il reçut cette autorisation trop tard. La pauvre vieille n'avait pu attendre le bon plaisir de l'administration;

elle mourut appelant son fils qu'elle accusa peut-être d'ingratitude.... A quelques mois de là, la sœur, n'ayant plus personne près d'elle qui eut besoin de ses soins, de son dévoûment, se sentant mourir, appela aussi son frère, malheureusement trop tard ! Il fit une nouvelle demande, même générosité ; aussi même résultat. La sœur mourut sans le voir.

Et quand après trois longues années d'exil, il rentra dans ses foyers, il les trouva tristes, mornes, imprégnés pour ainsi dire du dernier soupir de celles qui l'avaient tant aimé ! De chaque coin, de chaque meuble semblait sortir leur dernier appel ; tout ce qui faisait sa joie, sa consolation, lui causait aussi une douleur profonde et incessante. C'en était trop pour sa constitution si fortement ébranlée par les inquiétudes, les privations, les tortures de ces dernières années ; il mourut à quelques mois de là, malgré l'amour sans bornes qui le retenait près de son fils, qui, hélas ! lui aussi est mort quelques années plus tard. — Aujourd'hui que reste-t-il de cette famille honnête, jouissant de l'estime de tout ce qui était honnête, dont le chef avait été jeté en prison, chassé de France, sans jugement, sans juge, en dépit de toute loi, de toute morale? Rien! tout est fini!....

... Non! tout n'est pas fini! Ce vieil ami, mort *irréconciliable*, nous a laissé un héritage précieux que nous acceptons sans conteste : cet héritage peut se résumer en deux mots : revendication, réparation. Nous en poursuivrons l'exécution dans la limite de nos forces, et, nous en prenons ici l'engagement; si, à un moment donné, par misère ou par faiblesse, nous nous sentions défaillir, nous nous rappellerons que, si nous pouvons oublier, pardonner pour notre compte, nous ne devons point oublier, pardonner pour le compte de notre ami mort!... Nous serons irréconciliable pour deux, attendant sans crainte, mais sans faiblesse le grand jour de justice et de réparation!!...

CHAPITRE VII.

Le Courrier de la Sarthe, de l'Orne et de la Mayenne. — Résultat négatif de l'instruction. — Embarras de MM. de Luçay-Grosbois et Ce.—M. de Morny.—L'Olivier béni. — Les commissions mixtes. — Le geôlier-chef. Mme de Boisgontier. — Le père Ricou. — Première décision de la commission mixte. — Envoi sous la surveillance. — Encore le vieux misérable.

Nous avions commencé ce récit dans le *Courrier de la Sarthe, de l'Orne et de la Mayenne*, espérant le mener à bonne fin ; nous comptions sans la partie *saine*, *intelligente*, *infaillible*, *riche surtout*, des actionnaires qui, après avoir revendiqué comme un honneur la qualification *d'honnête et modérée*, a poussé la logique jusqu'à tuer ce pauvre *Courrier*, en pleine santé, en pleine prospérité : plus de mille abonnés !

Cette petite gredinerie a été menée avec une *délicatesse* et une adresse dont nous savons gré aux auteurs qui, en apparence, faisaient continuellement appel à la conciliation, et, en arrière, dénigraient systématiquement la rédaction tout entière. Cette pauvre rédaction, mauvaise tête, il est vrai, tenait essentiellement, nous sommes heureux de le constater, à ne point mériter le triste honneur d'être taxée *d'honnêteté et de modérantisme;* elle offrait place à tous, pour redresser les exagérations possibles, inévitables même dans toute rédaction. Le *Courrier* était une tribune ou les *honnêtes et modérés*, partisans honteux de l'union libérale, se trouvaient mal à l'aise; aussi le nombre a fait le droit.

Ils prétendent éclairer; ils soufflent la lumière.

Nous sommes convaincu qu'un grand nombre de ceux qui, par leur concours, ont amené un tel résultat, le regrettent déjà; ils s'apercevront plus tard, nous n'en doutons point, qu'ils ont été dupes de réputations surfaites, imméritées même, et se sont fait les complices bénévoles de rancunes aussi mesquines que mal dissimulées.

Nous continuons ce petit travail pour les nôtres, pour nos amis, avec l'espérance que des temps meilleurs et proches nous permettront de faire revivre le *Courrier*, journal de la démocratie de l'Ouest.

Le résultat obtenu par l'instruction était désespérant! Que faire? que devenir en présence d'hommes jetés pêle-mêle avec des voleurs et des faussaires, et dont le seul crime était d'avoir cru au droit, à la justice et protesté contre le crime de décembre!

Et on les savait disposés à poursuivre par tous les moyens une juste réparation. *Les cerveaux réunis*, l'expression est aujourd'hui consacrée, puisqu'on parle *des gourdins et gredins réunis*, *des honnêtes gens réunis*, qui, heureusement ne font point oublier, rappellent plutôt *les malhonnêtes gens réunis*, dont la société, montée par actions, bien mauvaises, il est vrai, dure depuis tantôt vingt ans, sous la raison sociale N. III et compagnie, avec la commandite forcée d'un ministère des finances : les cerveaux réunis, disons-nous, des de Luçay-Grosbois et consorts étaient à bout (ceux qui les ont connus le croiront sans peine), lorsque M. le comte de Morny, ministre de l'intérieur et président du conseil, par la grâce de Dieu et la voix du sang..... du boulevart Montmartre, vint les tirer d'embarras.

L'artiste, le chevalier..... du coup d'État, l'hôte complaisant de la *Niche à Fidèle*, qui, la veille du 2 décembre, se trouvait trop près de Clichy pour ne pas tenter, *avec plaisir et satisfaction*, l'assaut d'un ministère, cet oseur émérite, par une simple circulaire, créa les commissions mixtes qui sont à nos yeux la monstruosité, l'infamie la plus grande que l'on puisse reprocher à cette époque, pourtant si féconde en audaces de toute sorte.

Et le fils d'un proscrit de décembre a mis, sans dégoût, sa main dans celle de Morny et a accepté de servir en fidèle sujet le proscripteur de son père, dont il a invoqué, étalé même complaisamment la bénédiction!!! N'est-ce pas navrant? Nous qui écrivons ces lignes, pour nos enfants surtout, espérant qu'ils marcheront sur nos traces, nous leur dirons hautement, pour qu'ils ne l'oublient jamais: *Cet oseur* qui dissimule sa défection, sa trahison sous les apparences d'un dévoûment absolu à son pays, est un ambitieux vulgaire qui a droit, non-seulement à la malédiction de son père, mais encore au mépris de tout honnête homme....

Ainsi, sans parler de l'incapacité, de l'indignité de ceux, qui, espèces de *truands* politiques, par surprise, par force, la nuit comme des coupe-jarrets, les pieds dans le sang et dans la boue, s'étaient emparés du pouvoir et imposés à la France, ils avaient l'audace de fouler aux pieds le principe sacré de la *non-rétroactivité*, en nous envoyant ou plutôt en renvoyant nos dossiers de police devant une juridiction honteuse, lâche ! Lâche et honteuse, nous le répétons, puisque en l'absence de l'accusé, sans témoins, sans défense, elle disposait de la fortune, de la liberté, c'est-à-dire de la vie de ceux qui, aujourd'hui encore, peuvent revendiquer le rôle d'accusateurs ! Pour des faits antérieurs au 2 décembre 1851, on nous renvoyait devant un tribunal inventé le 2 février 1852.

Nous avions eu la naïveté de croire qu'un tel crime était impossible ! Nous avions écrit même à trois avocats de Laval, Mayenne et Château-Gontier, pour les prier de venir s'entendre avec nous sur les moyens de défense ; nous rappelant que, fût-on accusé d'avoir volé un empereur, il faut toujours se préparer à la défense.

— Ceux de Laval et Mayenne répondirent avec empressement à notre appel, et nous firent comprendre que leur concours nous serait complétement inutile; qu'un débat contradictoire et public devant une juridiction légale était impossible, puisque sans aucun effort, en suivant les règles les plus élémentaires de droit, les rôles seraient intervertis ; les accusateurs deviendraient les accusés ! Nous avons failli écrire : deviendront les accusés, tant nous avons foi dans l'avenir.

Et pas un magistrat n'a protesté ! Et on s'étonne du peu de respect que l'on a aujourd'hui pour ceux qui représentent la justice ! On sème l'iniquité et on veut récolter le respect ! En vérité ! c'est trop fort. Qu'on ne parle pas d'absolution par les six millions de suffrages, le grand cheval de bataille de la bande ; le nombre ne fait pas le droit, et, pour tout homme honnête, une seule des victimes de décembre personnifie le droit violé, la justice outragée. Nous ne rechercherons point la moralité, le mérite de ce vote inconscient, qui peut changer demain et envoyer aux gémonies le sauveur de la veille, nous dirons seulement : Mettez à la disposition de *qui que ce soit*, voire même de Pierre Bonaparte, deux cent mille chassepots, et ce *qui que ce soit* se fera proclamer empereur par six millions de suffrages, pourvu qu'il ne recule point devant le *Rrrran de Certain maréchal!...*

Revenons au château de la Trémouille, où ces bons messieurs, la conscience tranquille, le cerveau dégagé de toute préoccupation sur notre avenir, purent nous laisser en butte à la grossièreté, à la rapacité éhontée du geôlier-chef, rapacité qui tourna à notre profit, puisqu'elle nous permit d'obtenir, à force argent, certains adoucissements que nécessitait le régime ordinaire auquel nous étions soumis. L'âpreté au gain facilita les visites, aussi nombreuses que répétées, de nos familles et de nos amis; le bénéfice usuraire sur de très-mauvais déjeuners et sur de non moins mauvaises consommations, permit à notre Argus et à sa digne moitié de donner au règlement une élasticité aussi grande que celle de leur conscience. Nous sommes persuadé, et nous avons certains motifs pour l'être, que, pour prolonger ses bénéfices, qui devaient être assez ronds, si on en juge par ce fait, qu'une seule chambre où étaient entassés dix ou douze misérables grabats, dont les pieds étaient remplacés par des pavés, lui rapportait la somme énorme de cent et des francs par mois; nous sommes persuadé, disons-nous, que ce digne *Chevalier de la Légion d'honneur* ne nous ménageait point dans ses rapports.

Comme contraste à ces natures lâches, repoussantes, bien faites pour certains emplois, nous sommes heureux, en notre nom et au nom de tous nos codétenus, de rendre un juste témoignage de reconnaissance à la mémoire de madame de Boisgontier, sœur de la congrégation d'Evron, qui était chargée de la direction de la lingerie et de la cuisine de la prison. Par ses soins matériels, elle nous rendit des services signalés; par sa douceur, sa bienveillance si sympathique, elle prit une part de nos misères, et nous convainquit qu'une noble exception est possible dans ces congrégations où, malheureusement, l'esprit étroit de secte domine toujours. Un mot aussi à la mémoire d'un de nos gardiens que nous pouvons nommer, puisqu'il est mort; dans le cas contraire, nous

nous serions bien gardé d'en agir ainsi, car, sous le régime de décembre, l'humanité, la pitié, comme la justice, peuvent être imputées à crime. Le gardien Ricou sut, dans le pénible exercice de ses fonctions, par une douceur, par une politesse, bien rares dans ces lieux-là, s'attirer la sympathie de tous les détenus. Nous profitons de cette bonne, de cette consolante occasion pour dire ici qu'un grand nombre de nos amis de Laval, Mayenne, Château-Gontier, Ernée, Evron, etc., nous vinrent en aide, en organisant des souscriptions dont le montant nous fut apporté en prison. Que ceux qui eurent le courage de prendre l'initiative, dans ces moments de grand affaissement, de grands abaissements, reçoivent nos fraternels remercîments!

Nous passerons rapidement sur la vie intérieure de prison qui fut partout à peu près la même, et qui a été décrite tant de fois par nos coréligionnaires ; nous nous arrêterons aux actes principaux et aux incidents de quelque importance, renvoyant le lecteur, pour les détails, au *Dix-neuf Janvier*, ouvrage d'Emile Olivier, garde des sceaux et fidèle sujet de Sa Majesté Napoléon III. Par une lettre du maire provisoire de Mayenne, que nous donnons plus bas, nous savons qu'en février 1852, peut-être le 24, la commission mixte, composée de M. Nap. de Luçay, préfet, Grosbois, procureur impérial de la République, le général d'O... et Lesegrétain, conseiller de préfecture, *condamna à la surveillance* sept d'entre nous. Un des traits les plus curieux, c'est que ces *justiciers en chambre*, comme les appelle Pelletan, en signifiant leur décision, firent un étalage pompeux de la bienveillance du prince-président, leur maître, et engagèrent nos amis à s'en montrer dignes. Un des condamnés, le citoyen P..., ouvrier tailleur de Laval, goûta fort peu cet appel à la reconnaissance de la victime envers le bourreau, et déclara formellement qu'il ne voulait point de bienveillance, mais bien de la justice. Mal lui en prit, car ces bons messieurs, embarrassés d'une telle résistance, blessés d'un rappel à la justice, pourtant si simple et surtout si mérité, ne trouvèrent d'autre réponse à faire que de le placer dans une autre catégorie, avec aggravation de peine. Six de nos amis rentrèrent dans leurs familles, placés sous la surveillance de la police, comme les assassins et les voleurs, retour du bagne. M. Nouël de Latouche, maire provisoire, *un bien digne homme*, courbé, blanchi par les fatigues du chemin de la croix, pour hâter la fortune assez rétive, on en conviendra, puisque depuis 1815 il attendait, s'empressa d'endosser officiellement une part de complicité en adressant à ceux de Mayenne, avec un *plaisir souligné*, la lettre suivante que nous donnons sans autre commentaire, tant les *individus de cette catégorie* nous inspirent de dégoût...

Hôtel de ville de Mayenne, le 20 mai 1852.

Le maire de Mayenne donne avis à M. R... J.... que M. le ministre de la police générale a approuvé, le 9 mars courant, les décisions de la commission instituée en exécution de la circulaire ministérielle du 2 février dernier.

Par suite, M. R..., qui a été placé *sous la surveillance*, devra être soumis à l'accomplissement des formalités imposées aux *individus de cette catégorie*, lorsqu'ils veulent changer de résidence.

Le maire provisoire,
NOUEL DE LATOUCHE.

CHAPITRE VIII.

Seconde décision de la commission mixte. — Internement, exil.— MM. de Luçay père et fils. — Le cachot. — Nos voisins. — L'aumônier et les messes à trois francs. — Le curé d'Andouillé et les messes au rabais.

Quinze jours après cette première signification, sept d'entre nous furent appelés, et toujours par l'organe de MM. de Luçay-Grosbois et Cie, ils apprirent que la commission-mixte avait usé d'une extrême indulgence en internant en Vendée cinq d'entre eux, et en envoyant les deux autres en Belgique.

Nos amis nous quittèrent, regrettant presque la vie que nous nous étions faite et surtout fort inquiets du sort qui nous attendait. Cette seconde signification portant l'internement et l'exil, que serait la troisième? La perspective n'était rien moins que rassurante, on en conviendra. Ceci se passait dans les premiers jours de mars et

4.

nous restâmes jusqu'au 22 avril dans la prison de Laval.

Nous allons raconter deux faits importants, qui se sont accomplis dans cet intervalle. Nous prions nos lecteurs d'avoir de l'indulgence et de tenir compte de la difficulté pour l'écrivain de les entretenir des faits qui lui sont personnels.

Un soir nous aperçûmes M. de Luçay, flanqué de son héritier, cocodès de piètre mine et pourtant réservé aux plus hautes destinées (il est aujourd'hui auditeur de 7e ou 8e classe); nous lui jetâmes apparemment un regard où perçait le mépris, la haine même bien légitime que nous avions pour ce petit bonhomme qu'on peut appeler sans crainte de Luçay Napoléon le petit, au moral comme au physique. Ce monsieur nous interpella, nous demandant si nous le connaissions; sur notre réponse affirmative, il nous demanda pourquoi nous ne le saluions point, lui, le représentant de l'autorité!! Nous lui répondîmes, nous contenant à grande peine, que nous ne saluions que les gens que nous estimions, et qu'il ne pouvait avoir la prétention d'être de ce nombre, et nous lui tournâmes les talons.

Nous regagnâmes notre chambre où le geôlier-chef vint nous dire que M. le préfet exigeait!... nous avons bien dit : exigeait que nous vinssions lui faire des excuses!!! A cette impertinence, bien digne *de ce petit drôle*, nous fûmes tenté de répondre au maître et au valet le mot de *Cambronne* (*aujourd'hui nous l'enverrions au Sénat*); nous nous contentâmes de prier le commissionnaire de dire à ce *petit hommeau*, que si nous descendions, ce serait pour lui administrer une correction bien sentie et surtout bien méritée. Quelques minutes après, le même revint nous signifier que, puisque nous ne voulions pas faire des excuses, M. le préfet nous condamnait à vingt-quatre heures de cachot, où nous devions nous rendre à l'instant même. Nous refusâmes de nous soumettre à cette injonction, ce qui nécessita l'intervention de quatre soldats du poste, à qui nous évitâmes, il est vrai, la honte de servir *de poigne* à M. le préfet.

Le père Ricou, les larmes dans les yeux, nous conduisit dans une de ces boîtes que nous avons décrites à notre entrée à la prison de Laval. Si l'extérieur de ces cabanons, couverts de poussière blanche, nous avait fait supposer qu'ils avaient dû renfermer des sacs de farine, l'intérieur, poli par le frottement, nous fixa sur leur emploi, malheureusement trop fréquent.

Nous en étions le locataire depuis une heure à peine, regardant par la petite ouverture ménagée au haut de la porte, lorsqu'un serrurier de la ville vint ferrer un misérable récidiviste, condamné à cinq années de travaux forcés, pour vol dans une ferme, de chaînes, d'outils dont il avait retiré 26 francs, partagés avec un complice condamné pour ce fait à cinq années de réclusion..... Combien de chaînes doit-on river aux pieds de ces grands voleurs, qui, depuis si longtemps, bon Dieu ! sont un scandale public? Combien de fois cinq années de travaux forcés méritent ces parvenus de l'audace et du crime, en rupture de probité, que l'opinion publique qualifie à juste titre de *forçats honoraires !*

Un banquier qui, par suite de faillite désastreuse, conséquence d'imprudences manifestes, avait causé la mort de deux personnes, dont l'une s'était noyée de désespoir en apprenant la perte totale d'une petite rente qu'elle avait mis vingt-cinq ans à constituer ; ce banquier, disons-nous, qui est resté riche après, avait été condamné à *trois mois de prison* pour irrégularité dans la tenue de ses livres ; et encore, toutes les faveurs possibles lui étaient accordées. Et ce malheureux, en récidive il est vrai, qui, s'il l'eût pu, eût volé davantage, c'est encore vrai, pour un vol lui rapportant 13 francs, était condamné à cinq années de travaux forcés! c'est dans la loi, à ce qu'il paraît, et ne doit point surprendre, puisque, de nos jours, on peut voir et constater ceci : un homme en tue un autre, c'est un assassin qui passe, ou plutôt qui trépasse inaperçu ; un misérable, *Corse ou Alsacien*, en tue cinq ou six, c'est un grand assassin qui, dans le grand monde, devient à la mode, par le sale vent qui souffle ; un magistrat tue par milliers, il devient chef d'État, *il fait grand;* un autre tue par centaines de mille! il devient grand capitaine ; on en fait un génie! Dame, il fait grand, toujours grand!!

Nous connaissons en ce moment même (mai 1870) un assassin bien posé, bien apparenté, qui, s'il eût fait grand, s'il eût suivi les traditions de famille, se prélasserait probablement sur le trône d'Espagne, disponible depuis un an. Espérons que la prison, toute capitonnée qu'on la lui ait faite, lui fera comprendre *que famille oblige.*

Revenons à notre malheureux compagnon, qui, placé dans le cabanon voisin du nôtre, se livrait à un désespoir déchirant et inquiétant. Nous craignions que, poussé par le désespoir, il mît le feu au peu de paille qui nous servait de lit, et, par ce moyen violent, abrégeât nos vingt-quatre heures de cachot. Nous fîmes part de nos craintes au père Ricou, qui nous rassura, en nous disant que nous pouvions en croire son expérience ; que ceux qui pleuraient ne se portaient jamais à de telles extrémités. — Rassuré de ce côté, nous nous arrangeâmes de notre mieux pour passer cette nuit, bien longue sur une couche aussi dure. Nous nous aperçûmes, à la ronde de nuit, que nous avions un camarade en face, avec qui nous engageâmes la conversation, aussitôt qu'il fit jour, c'est-à-dire aussitôt que nous pûmes distinguer les yeux. Il nous avoua que, par suite de sa mise sous la surveillance pour une première affaire, il n'avait pu, depuis vingt ans, faire réveillon hors de prison (nous conservons avec intention l'expression dont il se servit). Par un caprice, un entêtement ridicule, il n'avait pas voulu se laisser raser, et, pour ce motif, était en cabanon depuis huit jours. Nous l'engageâmes à ne pas prolonger un entêtement qui ne pouvait être préjudiciable qu'à lui seul ; nous eûmes la satisfaction de le convaincre et de le voir réintégrer dans la cour commune.

Au moment du déjeuner, nous reçûmes avec plaisir la visite de madame de Boisgontier, qui, exaspérée de la conduite de nos ennemis, nous croyons même qu'elle les appela nos bourreaux, fit cette démarche, bien pénible pour elle, tellement souffrante qu'elle pouvait à peine marcher. On nous fit remise de quatre heures, grâce à l'intervention, croyons-nous, de notre bonne visiteuse, à qui nous nous empressâmes de rendre cette visite.

Outre le préfet et le procureur, nous avions encore, et près de nous, un ennemi acharné : c'était l'aumônier de la prison, M. Foucault.

Nous avions refusé d'assister à la messe, préférant être enfermé pendant la durée ; nous avions bien un peu plaisanté sur l'inefficacité de deux messes, dites à bonnes intentions par l'auteur, nous n'en doutons point, et que deux misérables poursuivis pour viol, l'un sur sa pupille idiote, de complicité avec son fils et sa fille, avaient fait dire avant de passer en cour d'assises. Nous ne dirons point : grâce aux deux messes, qui, pourtant, étaient de bonne qualité : des messes à trois francs ; mais malgré les deux messes, l'un avait été condamné à cinq années de réclusion, et l'autre à six. De plus, un de ses collègues, curé d'Andouillé, inventeur de la *participation à soixante messes pour vingt-cinq centimes*, se disant notre cousin, lui avait remis, décachetée, une lettre pour nous, dans laquelle il voulait bien reconnaître que nous étions honnête et convaincu, mais que nous avions eu tort de prendre au sérieux la devise : Liberté, égalité, fraternité. Il nous offrait sa bienveillante et puissante intervention près de M. le préfet et nous engageait à profiter de la solitude forcée du moment pour revenir à Dieu, etc., etc. Nous lui répondîmes comme il convenait, en lui faisant comprendre, ou plutôt en lui démontrant que notre Dieu et le sien ne pouvaient avoir rien de commun ; que l'un exaltait le crime et que l'autre le poursuivait sans trêve ni merci. Nous le complimentâmes sur le crédit dont il jouissait en préfecture, et lui prédîmes qu'il serait affligé d'une croix, plaisanterie que nous fûmes bien surpris de voir réalisée plus tard. Nous remîmes à l'aumônier cette réponse décachetée, en l'autorisant à en prendre lecture. C'est ce qui détermina chez lui une haine sauvage, lui faisant perdre toute retenue, toute dignité, au point de nous menacer, en pleine cour, *de Cayenne, de plomb dans la tête*. Nous fîmes ressortir aux yeux de tous ceux qui nous écoutaient la conduite ignoble de ce ministre qui, au nom d'un Dieu de paix et d'amour qu'ils représentent, disent-ils, écumait de rage et de haine. Nous eûmes encore à cette occasion un témoignage de sympathie de madame de Boisgontier, qui ne pouvait s'expliquer un tel acharnement.

CHAPITRE IX.

Arrivée du convoi de Mayenne. — Communication ministérielle. — Trait de courage du commandant de gendarmerie. — Départ pour Brest. — Adieux à la famille et aux amis. — La prison de Vitré et son geôlier louche.

Le dimanche 18 avril, le convoi venant de Mayenne apporta, à la prison de Laval, cinq personnes qui, par leur tenue, nous inspirèrent certaine confiance, au point que nous crûmes devoir nous informer de leur qualité, près du geôlier-chef. Il nous dit qu'ils étaient des prisonniers politiques, des Républicains désignés pour être transportés à Cayenne. En présence de cette déclaration que nous devions croire sincère, ne pouvant supposer qu'un père de famille, fût-il geôlier, pût se prêter à une aussi grande infamie, nous offrîmes à ces malheureux, dénués de tout, de partager en frères ; ce qu'ils acceptèrent.

Le lendemain, vers huit heures du matin, un

gendarme vint nous prévenir que, par ordre du ministre de la guerre, nous allions être dirigé sur Brest pour être mis à la disposition du préfet maritime, et qu'en conséquence nous devions nous tenir prêt à partir à trois heures du matin. Nous déclinâmes d'abord à ce représentant *de la loi, en petite tenue*, toute espèce de relations avec un ministre de M. Bonaparte, et nous le chargeâmes de dire à ceux qui l'envoyaient que nous ne partirions point la nuit comme un voleur, et qu'à moins qu'on employât la violence, nous ne partirions qu'à sept heures. Une demi-heure après, le même gendarme vint nous dire que le commandant nous accordait deux heures, que le départ était fixé à cinq heures; nous persistâmes dans notre détermination. Pourtant, craignant tout de ceux qui n'avaient rien respecté, nous fîmes prier un de nos amis de Laval d'envoyer en toute hâte à Mayenne, prévenir notre famille et nos amis qui s'empressèrent de répondre à notre appel. Ils vinrent nous voir le soir même; craignant un enlèvement nocturne, ils établirent une surveillance sérieuse à la porte de la prison, et firent sentinelle chacun leur tour. . . . .

Le 20 avril 1852, à six heures du matin, trois voitures furent amenées dans la cour, car nous formions tout un convoi : deux transportés de la Mayenne, les cinq qu'on nous avait désignés comme transportés politiques pour Cayenne, et avec qui nous nous estimions très-heureux de faire le voyage jusqu'à Brest, et enfin deux malheureux fous que l'on conduisait à Rennes.

Après nous avoir mis la chaînette et menacé des poucettes, on nous fit monter en voiture et ce fut à ce moment que nous entendîmes le commandant de gendarmerie dire à ses hommes, avec un courage bien digne du corps : *Ne les manquez point, car, s'ils avaient été les plus forts, ils ne vous auraient pas manqués.* Pour toute réponse, nous jetâmes le mot *lâche* sur la face de ce digne officier de l'armée de Bonaparte, qui nous inspira un tel mépris, que nous n'avons pas même cherché à connaître son nom. S'il vit, et si par hasard ces quelques lignes passent sous ses yeux, nous sommes heureux de lui rappeler que notre opinion sur son compte n'a point changé, et que nous apercevons toujours, sur sa face d'argousin, l'épithète que nous y avons appliquée le 20 avril 1852. —

Nous eûmes la pénible mais bien douce consolation de voir des larmes dans les yeux de toutes les *personnes honnêtes* qui nous avaient approché pendant notre séjour à la prison de Laval.

Nous partîmes, précédés de nos parents et de nos amis, qui tenaient à nous accompagner jusqu'à la correspondance, où nous déjeunâmes tous ensemble. Le moment des adieux fut un des plus pénibles que nous ayons eu à supporter pendant cette rude époque! Nous reverrions-nous? Personnellement nous n'en doutions point! mais eux pouvaient tout craindre!... Nous nous embrassâmes; nous nous embrassâmes encore... et enfin la charrette partit et nous sépara... Nous pûmes nous contenir en leur présence, pour les rassurer, mais lorsque nous fûmes loin d'eux, nous payâmes notre tribut. La coupe était pleine! sanglots et larmes débordèrent...

Nous arrivâmes vers trois heures à la prison de Vitré, encore un château de la Trémouille, où nous trouvâmes un geôlier louche, bien digne pendant de celui que nous venions de quitter.

A notre entrée, en présence d'un habitant de Vitré, et sur notre demande, il nous promit un lit et nous engagea, dans notre intérêt, et pour enlever toute tentation aux malheureux avec qui nous allions être confondus pendant le jour, de lui confier notre argent, qu'il nous remettrait au départ, et aussi pipe et tabac, qu'il nous remettrait dans notre chambre. Pleins de confiance dans son *air bonasse*, pourtant il louchait, nous lui remîmes tout ce que nous avions et on nous conduisit dans la chambre des passagers. Dans un coin était amoncelé un tas de paille, hachée menu par le service, qui nous fit apprécier d'autant la perspective d'un bon lit. Au bout d'une heure nous frappâmes à la porte et le gardien vint nous apprendre que toutes les promesses du chef étaient illusoires, et que nous n'aurions ni lit, ni tabac, ni allumettes; quant à notre argent, nous ne le toucherions qu'à Brest. Heureusement que nos compagnons de voyage, ayant plus d'expérience que nous, avaient dissimulé tabac et allumettes. Nous en profitâmes, ce qui nous valut la visite de l'Argus n° 1, qui, avec une dignité comique, nous enjoignit de cesser de fumer. Nous lui rîmes au nez, l'engageâmes à se retirer au plus vite et à aller chercher du renfort à la gendarmerie, ce qui nous eût permis de nous plaindre et d'obtenir probablement ce dont nous avions besoin. Il comprit à notre attitude que le concours du n° 2 était insuffisant, et se retira. Nous passâmes deux jours dans ce maudit château, privé de tout, et ne pouvant nous plaindre, attendant avec impatience le départ pour Rennes, qui eût lieu le 22 à sept heures du matin.

CHAPITRE X.

Départ de Vitré. — Les bracelets. — A l'anglaise. — Oubli du brigadier. — Entrée à Rennes. — Rencontre fortuite d'un ami. — Visite de propreté. — L'aumônier et la purification de l'Elysée. — Nouvelle inquiétude. — Retour à Laval de notre ami. — Franchise du brigadier de Pleland.

Après nous avoir mis des chaînes d'un luxe écrasant (grosses comme des chaînettes de voiture), que nous serions bien heureux de retrouver plus tard pour en faire un souvenir de famille, on nous fit monter dans une grande charrette non suspendue, attelée d'un grand cheval boiteux, qui, par sa marche saccadée, imprimait à la voiture une secousse telle, que nous semblions marcher à l'anglaise. Nous y étions entassé sept, non compris le conducteur. A Châteaubourg, où se fit la correspondance, on nous fit entrer dans une grande salle d'auberge, en nous engageant à nous faire servir ce dont nous avions besoin. Comme on nous laissait les chaînes, nous demandâmes aux deux gendarmes qui faisaient sentinelle, qui à la fenêtre, qui à la porte, de nous débarrasser momentanément de ce bijou, assez incommode, surtout fixé au poignet droit. On nous répondit que le brigadier avait emporté la clef par mégarde, et on nous engagea à manger, craignant qu'on ne nous en laissât pas le temps; ce que nous fîmes assez gêné. A son retour, quelques minutes avant le départ, le brigadier s'excusa de son oubli, d'une façon embarrassée que nous remarquâmes à peine. Nous devons déclarer que partout, à la prison comme à la correspondance, le chef d'escorte ou le geôlier remettait à son correspondant le porte-monnaie qu'on nous avait pris à Vitré, avec un compte détaillé que nous approuvions verbalement à chaque changement; de plus on payait sur notre avis les dépenses de route et de prison.

Nous fîmes, vers quatre heures, notre entrée à Rennes. En passant sur le Thabor, un de nos amis de Mayenne, qui nous croyait encore à la prison de Laval, nous aperçut et se précipita en pleurant à la suite de notre charrette, jusque dans la cour de la prison. Il causa même une certaine surprise au directeur, qui, au lieu de sept pensionnaires, en comptait huit. Après explications, on lui accorda quelques minutes seulement d'entrevue, en l'engageant à demander au préfet permission de venir nous voir le lendemain; permission qui lui fut impitoyablement refusée. Ce fut à ce moment qu'un des gendarmes de l'escorte jeta violemment à terre les chaînes dont il venait de nous débarrasser. Nous fûmes vivement touchés, nous l'avouons, de l'indignation de ce malheureux, digne d'un meilleur sort. — Nous demandâmes une chambre, qui nous fut accordée, après toutefois la visite de propreté, qui nous sembla bien humiliante, et pourtant justifiée, puisqu'à première inspection on trouva sur notre gilet de peau un *pou* énorme, que nous mîmes avec empressement et colère au compte du geôlier louche de Vitré.

On nous donna tout le nécessaire pour nous nettoyer, et nous pûmes, pendant les dix jours que nous restâmes à Rennes, jouir d'un lit propre et d'une chambre confortable. Rappelons un détail que nous n'avons jamais oublié: pendant la première nuit nous nous réveillâmes plusieurs fois, tenant dans la main gauche notre poignet droit qu'avaient fatigué, endolori les lourdes chaînes que nous avions portées pendant neuf heures au moins. Pendant notre séjour nous eûmes plusieurs fois la visite de l'aumônier qui prenait plaisir à discuter avec nous; ce fut lui qui, à nos observations sur la vie décolletée du prince-président, nous fit cette réponse naïve: l'Élysée se purifie! Hélas! si la demeure de l'auteur du 2 décembre a pu se nettoyer, il n'en est pas de même du locataire, dont les mains resteront toujours rouges du sang du boulevart Montmartre, quand bien même toutes les eaux de la Seine y passeraient.

La veille de notre départ, le jeune détenu, chargé de faire notre chambre, nous prévint que nous étions menacé d'un malheur; il avait entendu le directeur, au milieu de sa famille, nous plaindre très-sérieusement. Le soir, nous apprîmes que notre ami et compagnon de voyage devait, par ordre ministériel, être reconduit à Laval, et que, conséquemment, nous devions continuer notre voyage seul du département de la Mayenne. Nous crûmes que c'était le rude coup dont nous étions menacé;

nous nous trompions étrangement, comme on le verra plus tard. Constatons, en passant, que les allures d'un de nos compagnons de voyage, ancien notaire, qui, en traversant les rues de Rennes, s'était dissimulé sous le capuchon de son burnous, nous avaient semblé assez suspectes pour que nous lui en fissions l'observation.

Nous partîmes pour Pléland le 1er mai. A la correspondance, nous priâmes le brigadier chef d'escorte de nous débarrasser de la chaîne pendant le temps du déjeuner ; il nous répondit, fort convenablement du reste, que nous étions précédé d'un ordre qui l'obligeait à nous laisser enchaîné ; que son collègue de Châteaubourg avait manqué de franchise, et que, jusqu'à Brest, nous serions soumis à ce régime, qu'il taxa même d'ignoble. Nous en prîmes notre parti, remettant à plus tard de rechercher à qui nous devions ce petit supplément d'attention délicate. Nous arrivâmes à Pléland dans l'après-midi ; on nous confina dans la prison de passage attenant à la gendarmerie, dont la surveillance est confiée aux gendarmes même. A part la dure nécessité de coucher sur la paille, souvent infecte, nous avons toujours trouvé plus de soins et de bienveillance dans ces petites prisons de passage que dans les autres, où le personnel est trop souvent endurci, sinon abruti par le règlement.

CHAPITRE XI.

Départ de Pleland.— Correspondance de Ploërmel.— Nos compagnons de chaîne. — Josselin. — Notre carte à M. Paul Delahante, ex-sous-préfet de Mayenne.

Nous partîmes de Pléland le lendemain 2 mai, et nous eûmes soin de nous faire enchaîner le poignet gauche. A trois kilomètres environ de Ploërmel, on fit descendre un de nos compagnons de voyage, qui prit place dans un cabriolet conduit par un monsieur décoré, qui paraissait très-embarrassé du *costume bourgeois*. Ce départ imprévu nous surprit étrangement et nous poussa à des conjectures, à des rapprochements pénibles. Qu'était cet homme que nous appelions citoyen, et avec qui nous partagions fraternellement notre pain? Qu'étaient nos autres compagnons?

Le chef d'escorte qui nous attendait à la correspondance de Ploërmel se chargea, quelques minutes plus tard, de nous répondre!

A notre entrée dans la salle d'auberge, ce vieillard, jurant, tempêtant, jetait des phrases entrecoupées que nous saisîmes à peu près comme suit : « C'est ignoble ! avoir des égards pour un faussaire, l'envoyer chercher par un gendarme en bourgeois, et jeter pêle-mêle avec des voleurs un honnête homme, parce qu'il est républicain ! J'ai deux fils à Paris ; si on les traitait d'une façon aussi indigne, je tuerais le gendarme qui les amènerait ! »

Il prit les papiers qui nous accompagnaient et qui contenaient nos titres et qualités ; il nous appela personnellement, et, comme à ce moment même, nous donnions ordre à la maîtresse de la maison d'apporter à manger pour tous, il pria d'attendre. Il nous demanda si nous savions avec qui nous étions? Sur notre réponse que nos compagnons étaient des républicains, des transportés politiques, il s'écria : Des politiques de Brest ! Attendez un instant ! Il nous fit enlever les chaînes et mettre à part. Il fit l'appel nominal en ajoutant les titres de chacun. Celui qui nous avait quitté avant d'arriver à Ploërmel, et dont nous tairons le nom, par égard pour ses enfants malheureux, était un exnotaire ramené de Paris sous l'accusation de faux, de complicité avec son beau-père; il fut, plus tard, condamné à six années de réclusion, et mourut une année après libération. Nous possédons une lettre du maire de Ploërmel, qui nous donne tous ces détails. Un second, avec qui nous étions accouplé pendant cette étape, avait fait cinq années de bagne. Un troisième, un quatrième avaient subi cinq ou six condamnations pour vol!!! Voici les hommes que les agents de Bonaparte nous avaient donnés comme compagnons intimes de voyage, et dont ils nous avaient affirmé la probité. Nous étions tellement convaincu, que nous partagions en frère! Nous laissons à la conscience de tout homme, à quelque parti qu'il appartienne, d'apprécier, de flétir de pareils procédés.

Ce fut après ces détails que le chef d'escorte nous demanda si nous étions encore disposé à leur faire donner à manger. Nous répondîmes que nous ne voulions plus partager, mais faire l'aumône à ces malheureux que l'appât du bien-être avait rendus complices complaisants de l'infamie que nous mettons, jusqu'à preuve contraire, au compte de M. de *Luçay Napoléon-le-*

petit, ex-préfet de la Mayenne. Nous eûmes l'avantage d'être enchaîné seul par les deux poignets; ce fut la seule faveur que put nous faire ce vieux gendarme, qui n'en continua pas moins ses fonctions, n'ayant point l'air de se douter que, lui aussi, méritait le coup de fusil dont il menaçait ceux qui, esclaves de l'obéissance passive, auraient pu lui amener ses enfants en pareille compagnie. — Arrivé à Josselin le soir même, nous eûmes une altercation assez vive avec le cinquième de nos compagnons sur le compte duquel, il est vrai, le vieux gendarme n'avait pu nous renseigner d'une façon certaine; mais comme il s'était fait le complice de toute la bande, nous lui signifiâmes, prêt à l'appuyer d'arguments *ad hominem*, que nous entendions être seul au milieu de tous. A notre repas du soir, après avoir pris ce qui nous convenait, nous offrîmes à ces malheureux, qui acceptèrent l'aumône, en s'excusant du rôle odieux qu'on leur avait fait jouer.

Nous priâmes la femme d'un gendarme qui avait accepté de nous préparer à manger, de nous procurer au moins un matelas pour les deux nuits que nous avions à passer à Josselin;

malgré nos offres de payer 5 ou 10 francs pour ces deux nuits, nous fûmes obligé de nous contenter de la paille, qui fut, il est vrai, renouvelée à notre intention.

Nous avisâmes notre famille et nos amis du coup terrible qui venait de nous atteindre, en leur donnant tous les renseignements sur nos compagnons de voyage, et indiquant un moyen de vérification facile et incontestable : consulter le livre d'écrou de la prison de Mayenne où avaient séjourné, les 16 et 17 avril, ceux qu'ils avaient embrassés au moment des adieux et à qui ils nous avaient chaudement recommandé. Il nous serait difficile de décrire la juste indignation qu'ils éprouvèrent à la lecture de notre lettre ; elle fut telle, qu'un membre de notre famille, malgré la défense formelle que nous avions faite, en écrivit à *certain grand* personnage, bien connu par son adresse à se mettre toujours *du côté du manche*, surtout dans notre département dont il a réussi à faire un *bourg-pourri*. Nous parlerons de cette lettre et de la réponse que nous engageâmes à faire lorsque nous donnerons la relation de notre voyage de Brest à Alger.

La veille de notre départ pour Pontivy, le brigadier de gendarmerie vint nous faire ses adieux ; il partait avec avancement pour Lorient. Sur sa réponse que M. Paul Delahante était toujours sous-préfet de cette ville, nous le priâmes de bien vouloir lui remettre notre carte, lui affirmant très-sérieusement qu'il était notre ami, qu'il serait enchanté d'un tel souvenir, qui le disposerait favorablement envers le commissionnaire. Fit-il notre commission? Nous l'espérons ! et nous avouons de plus que nous fûmes très-heureux à l'idée de pouvoir rappeler à cet homme, qui, avec chaleur, nous avait prodigué le titre de citoyen, que nous en étions resté digne. Nous avons appris depuis, par nos amis de proscription de Vannes et Lorient, que ce digne compagnon du préfet Dieu, dont M. de Cormenin, par reconnaissance électorale, avait gratifié le département de la Mayenne, avait au 2 décembre poursuivi avec acharnement les républicains et mérité de son auguste maître ce qu'on appelle vulgairement et officiellement le ruban de la Légion d'honneur ! Lequel ?

Nous avouons sans forfanterie, en toute sincérité, que nous serions désolé de faire partie de cette légion, dont les plus méritants sont parmi ceux que nous connaissons, ceux qui, s'ils n'ont pas fait de bien, n'ont pas fait de mal pour l'obtenir. Un peu plus tard, M. P. Delahante, ce légionnaire du 2 décembre, fut envoyé dans une préfecture, d'où son incapacité et sa légèreté de conduite le firent sortir. Et cet homme, ainsi que M. Dieu, avaient déclaré, la veille du 10 décembre 1848, que si Louis Bonaparte était nommé président de la République, il ferait sa démission, ne voulant accepter aucune complicité avec l'*aventurier* de Strasbourg et de Boulogne!

Serment de fonctionnaire?

Autant en emporte le vent!!

CHAPITRE XII.

Arrivée à Pontivy,— Triste accueil et changement du geôlier-chef. — Départ pour Rosternein. — Séjour à Carhaix. — Lafeuillée. — Des amis inconnus. — Le brigadier modèle. — Transporté politique ou forçat. — Landerneau. — Brest. — Le Duguesclin.

Parti de Josselin le 4 mai au matin, nous arrivâmes le soir à Pontivy, prison militaire d'une certaine importance, où nous espérions pouvoir enfin vivre seul, pendant les quelques jours que nous devions y passer. A notre entrée au greffe, et pendant qu'on nous enlevait les chaînes, nous demandâmes une chambre au geôlier-chef, qui nous répondit d'une façon insolente, brutale, grossière même, comme on répond probablement aux forçats de retour. Nous relevâmes vivement cette inconvenance et plaignîmes sincèrement ce pauvre sire de n'éprouver aucune sympathie pour la position indigne qui nous était faite ; ce qui nous valut la menace du cachot. On nous conduisit dans la chambre des passagers où nous trouvâmes un certain changement : au lieu de paille, un lit de camp d'une insensibilité assez inquiétante.

Nous étions en train de nous installer de notre mieux, lorsque le geôlier-chef vint nous prier de sortir et nous faire des excuses pour sa conduite, que nous devions attribuer à l'ignorance complète dans laquelle il était sur notre compte ; il nous avait confondu avec nos misérables compagnons. Sa fille l'avait fait revenir de son erreur et il s'empressait de se mettre à notre disposition : il nous offrit une chambre, se chargea de faire venir le maître d'hôtel de Pontivy, que nous remercions en passant, pour ses bons soins et sa bonne cuisine ; en un mot cet homme se mit à notre entière disposition, pour nous faire les honneurs de sa maison et nous en rendre le séjour le moins désagréable possible. Nous acceptâmes les excuses, et prîmes avec empressement possession d'une chambre presque luxueuse, où nous passâmes très-agréablement quatre jours, grâce surtout au gai voisinage des prisonniers militaires qui occupaient le bas de la prison ; la prison civile se composait des galeries supérieures. Nous profitâmes de notre séjour pour faire travailler quatre ou cinq de ces malheureux, à qui nous étions enchanté de procurer quelque bien-être. Grâce à l'adresse d'un d'entre eux, qui s'installa notre *brosseur*, nous pûmes faire partir trois lettres vierges de tout *vandalisme*, tant de la part de la police que de celle du parquet. — Le 8 au matin, on vint nous prendre pour nous conduire à Rosternein, et on nous engagea à monter dans une charrette, en compagnie de deux petits Bretons égarés, couverts de vermine et que les prisonniers militaires avaient inutilement cherché à nettoyer la veille. Nous refusâmes de monter et nous assîmes sur un banc qui se trouvait à la porte de la prison. A toutes les prières, à toutes les menaces même, nous répondîmes que le seul moyen était de nous lier bras et jambes; que sans cela nous ne céderions point. Grand embarras du chef d'escorte, qui partit à fond de train consulter son supérieur. Au bout de vingt minutes, il revint avec un cabriolet où nous prîmes place tous les deux.

Nous passâmes la nuit à Rosternein, toujours sur la paille, sans incident remarquable, et nous arrivâmes à Carhaix le 9, jour de la fête du pays.

Nous trouvâmes comme brigadier de gendarmerie un homme qui fit tout le possible pour nous être agréable; il ne pouvait s'expliquer qu'on nous transportât, et nous assurait qu'à Brest on allait nous mettre en liberté, et cela, avec une conviction telle, que la nôtre toute contraire en fut un instant ébranlée. Nous passâmes, sur un matelas que nous dûmes à l'obligeance du brigadier, une assez mauvaise nuit, troublée par la joie, bien légitime pourtant, des habitants qui s'en donnaient à cœur joie. La fête se passait sur la place principale où se trouve la statue de Latour-d'Auvergne, près de la prison; et pas de fêtes bretonnes sans biniou.

Nous quittâmes Carhaix le 10 au matin, et, à la sortie de la ville, une pauvre vieille fit arrêter la voiture, et nous tendit la main; machinalement nous tendîmes la nôtre, dans laquelle elle déposa trois pièces de deux sous. Nous la remerciâmes chaleureusement de ses bonnes intentions, et la priâmes de remettre son offrande aux malheureux qui nous accompagnaient. Un des gendarmes nous apprit que son petit-fils avait été envoyé aux compagnies de discipline. Elle donnait à tous ceux qui passaient, tout ce qu'elle pouvait, dans l'espoir que d'autres rendraient au pauvre enfant! Ceux qui avaient condamné le petit-fils, mauvaise tête probablement, se sont-ils jamais douté de la douleur immense de cette pauvre vieille, qui ne vivait que du souvenir de celui qu'elle avait bercé si petit sur ses genoux, et qu'elle attendait pour mourir? Ces bons messieurs galonnés ont bien d'autres soucis! Et la discipline, et l'obéissance passive, et la gloire, et l'honneur, et l'empereur! Que sont, à côté de tout cela, les pleurnicheries d'une vieille grand'-mère?...

Pendant notre court séjour à la prison de Lafeuillée, quelques jeunes gens, instruits de notre présence, probablement par l'indiscrétion d'un gendarme, vinrent frapper au volet de la petite fenêtre donnant sur la route. Avec des ménagements fraternels, ils nous offrirent des encouragements d'abord, et ensuite des secours; nous acceptâmes avec plaisir et pour nous-même le témoignage de sympathie, et pour nos compagnons, nous les remerciâmes de leur générosité, qu'ils eur[illegible]t beaucoup de peine à traduire, car on ne pouvait faire passer sous le volet que des pièces de 50 cent.

Si jamais nous passons à Lafeuillée, nous ferons tout le possible pour retrouver ces amis inconnus de dix-huit ans, et pour leur donner une franche et fraternelle poignée de main. En attendant, aussitôt que cette petite relation sera imprimée, nous en enverrons, à tout hasard, un exemplaire à Lafeuillée, espérant, par ce moyen, arriver à les connaître plus tôt.

Nous partîmes le lendemain pourLanderneau, où nous espérions arriver sans encombres; nous avions compté sans le brigadier qui nous attendait à la correspondance. Au moment du départ, il nous fit enlever les chaînettes pour les remplacer par des fers qui sont habituellement réservés aux forçats réputés dangereux. Figurez-vous deux ovales juxta-posés ou soudés par le côté, se serrant par un écrou placé sur le haut et pouvant servir d'instrument de torture, qui, appliqués à deux personnes, les condamnent à une immobilité complète; car le moindre mouvement les expose à se briser le poignet. Ajoutez à cela que, dans cette position, nous étions obligés de monter en voiture et d'en descendre.

Les gendarmes qui nous quittaient offrirent complaisamment de laisser leurs chaînes, qu'ils reprendraient à la prochaine correspondance ; avec un *calme insensé*, cet homme répondit que c'était inutile, que cela n'en valait pas la peine. Cette réponse nous attéra, au point que nous eûmes besoin de la faire répéter pour y croire. Nous lui fîmes observer très-doucement, avec intention, que nous étions un *Républicain transporté sans jugement ;* il nous répondit avec le même calme qu'il ne faisait aucune différence entre un transporté politique et un forçat ! ! !

Cet homme, ou plutôt ce gendarme, ce monstre, car ces gens-là ont cessé d'être hommes, avait-il conscience de ses actes ? Nous en doutâmes un instant. Pourtant, après avoir échangé quelques paroles, nous fûmes forcés de nous rendre à l'évidence ; cet homme avait été créé et mis au monde pour faire un parfait gendarme, un modèle de gendarme, pour ceux qui fusilleraient leur père, s'il était républicain et si on leur en donnait l'ordre. Il fut insensible à toutes les épithètes bien méritées que l'indignation nous souffla ; il se contenta de donner, en riant, un tour de plus à l'écrou de nos fers.

Et *certains satisfaits, certains petits jeunes gens* trouvent étrange que nous éprouvions de l'antipathie contre le beau corps de gendarmerie impériale; qu'ils aillent faire connaissance avec eux, dans les mêmes conditions, et nous leur permettrons de porter un jugement.

A notre entrée dans la prison de Landerneau, le maréchal-des-logis, qui nous attendait, nous demanda si nous avions à nous plaindre de l'escorte; nous lui répétâmes les paroles de son brigadier et lui fîmes voir notre poignet rouge et gonflé. Il nous suivit dans la petite chambre qu'on nous accorda sans difficulté, et nous pria de ne pas le confondre avec le misérable que nous venions de quitter, et à qui il avait recommandé d'avoir pour nous des égards; mais, comme il était désigné pour la médaille, il s'était cru obligé d'en agir ainsi pour s'en rendre digne. Ce maréchal-des-logis qui, sous Louis-Philippe, était préposé au transport au Mont-Saint-Michel des prisonniers politiques, et qui avait pu les apprécier, fit tout le possible pour nous être agréable. Il vint le lendemain passer plusieurs heures avec nous; il nous remit notre argent, nous renseigna sur les provisions à faire avant notre embarquement. Il vint le soir nous dire avec joie que lui-même viendrait nous conduire à Brest, où il allait prêter serment à celui qui, seul en France, ne pouvait, ne devait pas l'exiger ! ce dont il convint.

Nous fîmes le trajet de Landerneau à Brest fort agréablement, en sa compagnie, sans chaînes, sans fers, ce qui ne nous était point arrivé depuis notre départ de Mayenne.

A notre arrivée, on nous conduisit à la préfecture de la marine, et, après les formalités d'usage, on nous confia à des gendarmes de marine qui, sans désemparer, nous conduisirent au port, où nous prîmes une embarcation pour nous transporter à bord du *Duguesclin.*

En passant devant l'*Erigone*, en partance pour Cayenne, nous laissâmes nos malheureux compagnons, avec qui nous vivions depuis le 18 avril, et que nous ne pûmes quitter sans un serrement de cœur, en pensant au sort qui les attendait ! Ils sont probablement tous morts dans ce pays maudit, au climat meurtrier, où l'homme de décembre a pu, sans soulever l'indignation du monde entier, envoyer mourir des Républicains ! !

Nous abordâmes le *Duguesclin* le 13 mai, à deux heures de l'après-midi ; nous grimpâmes lestement sur le pont, heureux de nous trouver au milieu d'hommes honnêtes, au milieu d'hommes convaincus, qui avaient lutté, qui avaient souffert, qui souffraient pour une noble cause : pour la République ! ! !

Nous nous arrêtons ici, remettant à plus tard de raconter *notre transportation* en Afrique ; mais nous reprendrons notre récit à notre embarquement sur le *Duguesclin.*

PARIS. — IMP. VICTOR GOUPY, RUE GARANCIÈRE 5

www.ingramcontent.com/pod-product-compliance
Ingram Content Group UK Ltd.
Pitfield, Milton Keynes, MK11 3LW, UK
UKHW021550260726
13993UKWH00002B/739